U0035883

AQUARIUS

AQUARIUS

AQUARIUS

一些人物，
一些視野，
一些觀點，
與一個全新的遠景！

做孩子的重要他人

蘇文鈺
楊語芸撰文

【推薦序】

就是把他們當自己孩子栽培！

葉丙成（台大電機系教授、PaGamO共同創辦人）

你很少看到這樣的大學教授。

每個週末，他都風塵僕僕的開車載著研究生，從台南到嘉義東石，去教當地的弱勢孩子們寫程式。除了教課，他又要開發程式教材。而以研究生為主的程式教師群，因為學生研究所畢業來來去去，他時不時又要訓練新的老師。為了讓更多弱勢孩子受惠，他得常常南北奔波去募集更多資源跟幫手。

很少有人能像文鈺這樣的為孩子們付出。

文鈺對這些鄉下弱勢孩子的付出，那種執著、那種毅力，真的很讓我佩服。一般人很難想像，他為什麼要為這些鄉下弱勢孩子做這麼的多？其實，文鈺就是把這些孩子當作自己的孩子一樣，希望能栽培他們成材。

過去以來，我們的社會對於該如何幫助偏鄉弱勢孩子，總以「學業脫貧」的思維為主。但對這些弱勢孩子而言，若要靠學業脫貧，起碼要念到大學畢業，這些孩子起碼要念十幾年書。可是這些孩子的家裡經濟狀況都很脆弱，許多以打零工為經濟來源的家庭，當父母有人生病或受傷，家庭的經濟就缺了一大塊。要讓這些孩子無憂無慮、安安穩穩念十幾年書，談何容易？

與其讓他們靠學業脫貧，不如教他們可以在這社會立足的功夫。以程式設計而言，三年內就可以上手，不用十幾年。我們有機會讓這些孩子，在幾年之內便能建立這方面的技術能力，在日後更有機會幫助自己家庭在經濟上逐漸脫貧，文鈺便是為了實踐這樣的理想而努力。

但要實踐這樣的理想，何其困難？

要學會程式，孩子們必須要能懂相當程度的英文。要學會程式，數學也必須要有一定的瞭解。許許多多的基礎能力，都要想辦法幫孩子補起來。除了自己教，文鈺為了增進這些孩子的語文能力，也努力的在找老師幫忙給予孩子們閱讀理解的訓練。身為他的朋友，我看著他為這些弱勢孩子的付出，真的是打從心裡感到尊敬、感到佩服！

最近，為了能幫助台灣各地更多像東石這樣的孩子，文鈺開始與其他有同樣的信念的公益夥伴一起合作。把他開發的程式教材，完全開放給大家使用。甚至南北奔波，幫不同的單位訓練程式教育的志工老師，讓更多弱勢的孩子也能有機會得到程式教育。如果沒有文鈺的努力，這方面的進展不會這麼快。因為他，台灣社會各界才得以了解我們可以用這樣的方式，幫助弱勢孩子立足。它開啟了一個全新的方向。

身為文鈺的朋友，我常常是帶著很矛盾的心情。一方面，我非常高興看到文鈺的理念得到許多人的認同，讓更多孩子得以受惠。但另一方面，又很不捨看到文鈺因為奔波勞累而讓健康出了狀況。我很希望這本書的出版，能夠讓更多人看到文鈺的故事，讓更多有志於實現同樣理想的夥伴能夠勇敢站出來。

期待能有更多熱血的夥伴願意投入幫助弱勢孩子、做孩子們的貴人。文鈺肩上的擔子，大家一起來扛！

做孩子的重要他人

目錄

一、阿公和屘孫

阿公對我的影響，早在我還躺在保溫箱時就開始了。

有時候我會想，那是個春暖花開的好日子，微風將雲朵吹成了天使的號角，我在閃著金光的樂音中，來到人世。

不然，那就是慣常在高雄偷跑的初夏，明明月曆才剛翻至五月，飆高的氣溫卻逼得人們換上短衫，整個城市都因為我的降生而躁動著……

不過，更多時候，我相信那是個乍暖還寒的日子，天公伯發現那個還未準備好要出生的孩子，已經等不及要問世，於是用天候的劇變來預示我多舛的人生。

我之所以無法確定，我到底是哪一天出生的，是因為當時醫師無法判斷剛出生的我能否存活，所以舉凡開具出生證明、報戶口等等行政程序，都被「不知道會不會白忙一場」的心態延宕了，以至於身分證上登記的出生日期，並不是我真正出生那一天，而確定的日子，已不可考。

當我躺在保溫箱中看著「同梯次」其他健康的嬰兒時，我已經有意識了嗎？我會好奇為什麼我的睡床和別人不一樣嗎？當護理師用奶瓶餵他（她）們喝牛奶時，我有沒有懷疑過，為什麼我沒有一樣的食物？還有，滿身的點滴針管、透過手臂和腳背上的血管傳輸的營養液和藥劑，到底對我起了什麼救命的作用？這些都是我回答不了、但卻不時縈繞心頭的問題。每當我在人生的關卡停下腳步、瞻前顧後時，我總不免被思緒帶回那最初的階段，去思考存在的意義。

身體的厄運

來說一下我的毛病好了。當我還是我媽媽肚子裡的一枚胚胎時，我好幾次險險流產，讓媽媽吃盡了苦頭。

或許正因為不是枚健康的胚胎，以至於無法在媽媽肚子裡待到足月。不像哥哥和姊姊是在家中由助產士接生的，媽媽懷著我時，身體狀況很差，二姑丈拿了筆錢給父親，讓我們住進高雄中山路上一間富麗堂皇的婦產科，希望生產過程能夠母子均安。

我在未足月時出生，體重只有一千五百公克。據說接生的醫師用盡力氣拍打我的屁股，我才勉強哭出些聲音。但哭不了多久就累了，再也哭不出聲音，我就這樣安靜地來到這個吵雜的世界。

後來姑姑生表弟時，我有機會重回這間我出生後住了三個月的婦幼醫院，印象最深刻的就是大廳地板上用馬賽克磁磚鑲嵌出的一大朵一大朵向日葵。金黃色的花卉好似象徵著這是個光明溫暖的人間，懷著寶寶的母親來檢查，生產後的母親開心地將寶貝接回家去，在向日葵的送往迎來中，所有跟出生有關的情事都被映染出喜慶的光輝。那麼，像媽媽那樣無助的母親，生了個不知道養不養得活的孩子，她該有多羨慕別人的喜獲兒女？

除了早產外，我最大的問題是胃壁上的皺褶過薄，無法吸收營養，一進食沒多久就會拉肚子，還不時嘔吐。我聽媽媽說，那種吐法就像巴不得把腸啊肚啊全部吐乾淨似的。嘔吐讓我耗盡元氣，臉色發青，雙眼翻白，好似隨時都會應了醫師的斷言，早夭只是時日問題。

我無法想像，媽媽那時候流了多少眼淚；我也不敢推測，她的淚水是心疼我受到的苦難？還是每天釋放掉一些悲傷？等到我真的不在了，就不會那麼難過。可是淚水是可以「事前提用」的嗎？

生長遲緩的文曲星

幫媽媽擦乾眼淚的人是阿公。他聽聞我出生後狀況不好，馬上從彰化到高雄來看我。他探望過保溫箱中瘦弱的孫兒後，信心十足地安慰媽媽：「這囡仔是文曲星轉世，免操煩，好好養飼他大漢。」

我不知道連醫師都不確定的事，阿公哪來的信心，但家人的支持的確給了媽媽無形的力量，她不理會醫師的說法，逕自辦好了我的戶口登記。有了姓名，辦好了人生的 check in 手續，我好像就沒有了任性的理由，只得乖乖活了下來。

不過，我大概還是活得不甘不願吧，很多事都不願按表操課，成長十足遲緩。

例如，我三歲還不會說完整的字詞、步伐也不穩，小學一、二年級鮮少考過及格的科目。親戚間冷嘲熱諷，都笑媽媽生了個「戇呆」，不論是念幼稚園前住在彰化，或是後來過年從高雄返鄉，我總是家人的恥辱。

奇怪的是，那些壓力都落在媽媽身上，好像生了我這樣的遲緩兒，僅僅是媽媽一個人的問題，爸爸全無責任一樣。還好阿公總是站在媽媽這邊，幫她擋下那些親人間不該出現的殘酷眼光，並用他無以名狀的信念，守護著我——他的屘孫。

淑世濟人的阿公

要介紹我阿公這個人，不妨從我外公開始說起。我外公是彰化花壇的有錢人，據說站在他花壇的土地中央，周遭三百六十度放眼可及的土地，一直到省道邊上，都在他的名下。鄉下人的土地就是黃金，外公收租、買賣莊稼，日子富餘安泰。

但阿公名下只有三分地，而且爸爸年輕時既不愛種田，也沒有什麼專長。富甲一方的外公為什麼沒替他的千金挑個門當戶對的對象，反而把女兒嫁給爸爸那樣沒有前途的年輕人呢？那大概是因為外公信得過我阿公。

阿公出生於宣統三年，和中華民國歲數一樣大。他雖然受日本教育，但是對漢學文化也相當孺慕。在那個百無一用是書生的年代，他偏偏喜歡閱讀、寫字，因為好學，他還自學醫術，經常免費幫窮人看病開藥，是鄉里出名的好人。我想，外公就是因為阿公的宅心仁厚，才願意將女兒嫁到蘇家來。

我記得有一次開車回彰化，慣常行駛的那條路封了。我在花壇的鄉野間直繞路，阿公家明明就在那裡，卻怎麼樣都到不了。不得已，我只好攔下路邊一位騎鐵馬的老伯問路。

老伯一聽我是蘇清火（阿公名）的孫子，立刻跨下鐵馬，在路邊先跟我深深鞠了個躬，再一路騎車引領我回家。

老伯曾經受過阿公什麼恩惠？我沒機會多問，但阿公過世後還受到鄉里這樣的敬重，他生前對地方的奉獻自然不難想像。

我代阿公收下的那個鞠躬禮，在之後好長一段時間裡都讓我腰桿挺得直直的，就怕生活上一個懈怠，便會辜負了阿公的盛名。

不過，即便阿公有如此高的名望，他的兄弟們卻十分輕視他。對他們而言，阿公就是個不事生產的閒人；阿公淑世的理想，只是他逃避俗世要求的手段而已。

自己的想法不被親族支持，已經是人生絕大的悲哀。遺憾的是，阿公的風骨也未在婚姻中受到肯定。

不識字的阿嬤常常因為阿公免費替人治病，和他起爭執。阿嬤拿著物質的秤杆去量度濟人的精神美好，想來怎麼量，都是椿失衡的買賣。雖然我不曾親眼目睹，但不難想像阿嬤面對「賺嘸錢」的丈夫，會用多少難聽的話語來指摘他。那樣的婚姻要如何容身？如何度日？我總不免為他們的彼此折磨深感遺憾。

不受傷，怎麼學得會

阿嬤過世後，阿公的確快樂許多——請容我不諱言地這樣說。阿公對物質本來就沒有太高的要求，精神的充實對他更為重要，很多事物都喜歡自己動手。我和哥哥從小就跟著他用鋸子、拿鐵鎚，雖然小傷不斷，但也做了許多有趣的玩意兒。

換成**現代的家長，絕對會以「不安全」為理由，要孩子遠離那些工具。但阿公的教育理念，就是「不受傷，怎麼學得會」**。一直到今天，我和哥哥還有自己動手做的嗜好，都是因為阿公的影響。

另外，阿公也喜歡看平劇。說來也頗有趣，一生操持日語及閩南語的阿公，居然熱愛平劇，我想也許是他對漢學文化中的教忠教孝，有極高的認同。

他雖然不太會講國語，但聽解上完全沒有問題。我小小年紀陪著看平劇，聽阿公講解一根短竿既能當馬鞭，象徵上馬、下馬，還能模擬門簾、轎子等道具，想像力在我小小的腦袋瓜裡沸騰，煉製出娛親的顏料，塗抹著祖孫歡喜的容顏。

想到那個一老一小盯著電視機的畫面，我至今仍覺得意趣橫生。

阿公的辭世

阿公這樣有趣的人，連辭世都十分離奇。我們才剛幫他過了九十高壽的壽誕，沒過多少時日，有個夜裡他起床喝水，不慎跌倒，我不知道他為什麼沒有開口呼救，而是在冰冷的地板上躺了一個多小時，直到爸爸起床發現他病倒了，才趕緊送醫。

那幾天剛好寒流來襲，花壇老家也沒有什麼暖氣設備，阿公一定是因為凍著了，由感冒轉成肺炎。

那時，台灣的醫療單位還未推動「放棄急救」的觀念，醫師見阿公呼吸困難，也沒問過他或家人的意願，便施行插管措施。

阿公雖然口不能言，但意識仍然十分清楚，對於我在一旁眼睜睜看著醫師插管而不制止，他非常生氣，從貼在他唇上的膠帶以及呼吸管間的空隙，我一直聽到他將「不孝」兩字憤憤地傳送出來。

從X光片看來，阿公的兩片肺葉全都轉白，這表示肺炎鏈球菌侵襲嚴重，他已經在和死神拔河了。

奇怪的是，阿公仍舊精神奕奕，這不難從他罵人的聲調判斷。他一邊罵人，一邊動手拔管子，同時還不時重述一句話：「我要趕下脯四點的車班。」

這樣熬了幾天，醫師也放棄了。由於台灣人習慣要留一口氣回家，不能死在醫院裡，因此醫師讓阿公戴著氧氣罩，用救護車將他送回家去。然而，他一點也不像要回家等死、彌留的人那樣氣若游絲，反倒神智清楚，一路還能依著路況判斷車程，不時通知隨車的護理人員：「阮兜咧欲到位啊。」

回花壇老家後，阿公把子孫們一個個叫進他的房間話別，我不知道阿公和哥哥姊姊說了些什麼，但他直到最後一刻都還因為插管的事，數落我不孝。我對阿公的認識，居然淺薄到以為他想長命百歲，以致讓他人生最後一個階段還那麼痛苦，甚至生氣到和我道別時還要罵我。

「好死不如歹活」不是豁達如阿公者在生命盡頭的選擇，只是我當時太過無知，也不曾細想過生命意義的課題，才會讓阿公走得那麼不開心。

心繫家人

阿公與我們一一道別後，最後才將媽媽喚入他的房中。千金小姐嫁入蘇家後的種種委屈，阿公都看在眼裡，於是他用自己在世間的最後一段時間，跟媽媽道歉。因為為人敦厚，阿公在媽媽面前從來不曾擺出公公的權威，翁媳間感情好到像父女一樣。

媽媽後來告訴我，阿公臨走前還表達對她的愧疚，讓她好生心疼。他看似一生豁達，相信凡事皆有天定，但其實心繫家人的安泰，至死不渝。

阿公與媽媽不知聊了多久後，阿公說口渴，要媽媽倒茶給他喝。等媽媽端著開水回房間，床上坐著的阿公，已經去作仙了。當時是四點零三分，距離他兩天前吵著「要趕四點的車班」，只差了三分鐘。

阿公對我的影響，早在我還躺在保溫箱時就開始了。他給我最大的信任，給我最多自由。我依著他為人的典範行事，人生雖然顛簸，但總算離「做一個好人」不至於太遠。

A、話從東石說起……

許多人認為偏鄉的孩子沒有進取心，但問題可能在於我們不曾提供希望，讓他們知道向上爬的可能性。

「所以我們要怎樣讓自走車判斷什麼時候轉彎，才不會被牆角卡到？」老師問。

「藍芽回傳的數據，如果X軸是Y軸的三分之一，就要轉彎。」學生答。

「真的是這樣嗎？證明給我看你的做法是合理的！」老師道。

如果我不明說，你可能認為上述這段發生在成功大學資訊工程所教室內的對話是話從東石說起……

我和資工系學生之間的問答，其實回答我的人是國中二年級的A同學。

他是一個在校成績僅1B4C的學生，如果他的英文老師、數學老師和物理老師在現場，絕對得去重配一副眼鏡。

A同學是「東石Program the World」第一代的學生，他和B、C、D、E同學一路過關斬將，從Scratch①、APP Inventor②到Arduino③，兩年內完成了我設定的目標，替自己贏得二〇一五年寒假冬令營的門票，在台南度過充實的九天。

除了如願到誠品、林百貨、花園夜市、奇美博物館、台灣文學館等地參觀，做了觀光客各種吃喝玩樂的情事外，他們還到成大上課，設法讓自己設計的自走車完成走出迷宮的挑戰。

對年過半百，教書超過二十年的我來說，看到這些偏鄉孩子的成就，心中真是有莫大的感慨。

在我迷惘於學術生涯的前景，惶惶然不知大學教育與學術研究的意義時，是**過溝的孩子讓我重新找到生命的價值以及餘生奮鬥的目標**。他們的成功就是我的救贖，**偏鄉的翻轉才是台灣的希望**。

一場大災難

時間回到二〇一四年暑假，我們第一次到東石上課，學生是路得關懷協會挑選的，事先我對他們的學習態度、基礎能力、性格個性毫不知悉。

我告訴教會的老師，不必在乎學業成績，只要孩子們想學習，我們都歡迎。而且我們之所以選擇教授 Scratch 程式，因為它利用圖像式的積木碼，而且是中文介面，靠拖拉積木就可以組合出程式，不需要自己打程式碼，所以是初學者最容易上手的程式設計工具。

結果，第一天上課就是一場大災難！

那當然要怪我自己，我還是抱著教授的想法，認為我都親自出馬了，帶上彥柏及

①麻省理工專門為小朋友開發的一套程式語言。將寫程式變成像在拼積木，具備豐富且容易上手的圖形介面與工具，很容易就可以製作簡單的動畫。學習門檻較低，是一種讓小朋友可以學習寫程式的邏輯概念。

②一套由 Google 提供的應用軟體，使用類似 Scratch 拼積木的方式，但是增加許多進步的程式設計常用的結構，可以用來撰寫 Android APP。

③一個開放原始碼的單晶片微控制器。具有簡單的整合開發環境，接近 C 語言，但更為簡單，能提供非常豐富的應用程式介面（API），並有許多相容的硬體周邊裝置，簡單易學，好上手，可以用它來製作電子產品原型，是自造者很喜歡的工具。

秉文這兩個學生當助教，哪有什麼場面不能搞定。

沒想到，十五位過溝的學生拿到電腦後，心心念念只想上網玩線上遊戲，就像久旱後的枯木，拚了命想從遊戲中汲取甘霖，而且還和鄰座的好友開起同樂會，吵雜喧鬧，根本無法上課。

我在大學教書，從來不曾面對需要「管秩序」的狀況，一時間真的手足無措。再加上我也不曾考慮到，即便只是最簡單的英文單字，孩子們既看不懂，也聽不懂，他們不懂，也不會開口問，自然對課程提不起興趣。

那天開車回家，我和學生都好沮喪。每個人都默默在找各自的藉口，看下星期要怎麼樣才能不必來上課。我們很清楚，一整天的課程只是浪費彼此的時間，孩子們又一次在「學習」這件事上受挫，大人們也心生怨嘆，就算身為教授及研究生又如何，還不是無用武之地。

從挫敗中學習

從嘉義回台南一路上的沉默，讓大家壓下「放棄」的衝動念頭，我一面為自己一向坐在冷氣象牙塔裡想像教育這件事，感到羞愧無比，同時也拜託學生們檢視自己的經驗與觀察，隔天再開會討論，下一步該怎麼進行。

多虧我學生的觀察和提醒，我們決定將孩子們的座位前後排錯置開來，讓他們回頭時無法和其他同學互動，同時也把特別容易講話和吵鬧的同學兩兩拆開。第二次上課時，秩序果然變好了「一點」。然而，大家安安靜靜坐在座位上，並不是安安靜靜在聽課，而是專心打 LoL ④。

於是第三次上課時，我們出動人海戰術，多帶七位研究生助教到東石去。上課時，每位小朋友身後都有一位老師盯著，只要有人打 LoL，就立刻溫言制止。因為身後站了一整排老師，孩子們大概有點被嚇到了，總算願意乖乖上課了。

之後，我們每星期都調整座位，讓比較凶的研究生去盯比較會搗蛋的小朋友，每星期都演出「道高一尺，魔高一丈」的戲碼，不只讓研究生覺得任務充滿挑戰性，也讓我充分掌握每位小朋友的個性，方便日後教學上「對症下藥」。

④「英雄聯盟」電腦線上遊戲。原文為 League of Legends，簡稱「LoL」。

孩子需要的是陪伴

人海戰術持續了一整個暑假，儘管師生比如此之高，耗盡了我們實驗室所有的人力，但總算看出一些效果，我也因此體會到，孩子們在學習時最需要的其實是付出時間的「陪伴」。

在傳統課堂上，老師一個人在講台上演示，能顧全大多數學生的學習就很不容易了，少數跟不上進度的孩子，只能被放棄。在「被放棄」的類別待久了，孩子們的自我認知也跟著產生變化，覺得自己什麼都不行。

在台灣這樣看重升學的社會中，成績不好的學生要「放棄自己」的機會可不會少，惡性循環的結果讓他們愈發跟不上社會的期許。如果這時有黑道幫派適時介入，讓孩子們在錯誤的地方得到同儕、友伴的認同，隨著毒品或暴力的問題加劇，造成的社會成本難以算計。

然而我們採用一比一點五的師生比，讓一位講師、九位助教一起教導十五位小朋友，在孩子遭遇困難時，第一時間為他們釋疑，甚至因為對他們個別的瞭解，所以可以在學生們還沒發現自己聽不懂之前，就先一步為他們建立基礎。雖然是團體課程，但其實是許許多多套量身訂做的個人課程，孩子們定當能夠感受到我們的用心與誠意。

另一方面，孩子也給了我們直接的肯定。記得有次上課我說道：「把這個參數READ 進來」，五個孩子裡，有四個一臉茫然。

於是我問：「你們知道 R.E.A.D 是什麼嗎？」

孩子們居然都搖頭。這時我才知道，一般國中生早該學會的簡單單字，如 read、write，他們都拼不出來。

過去，他們對英文沒有興趣，是因為老師的教法無法讓他們產生內在動機，無法瞭解英文對他們的重要性。然而**學習程式語言後，他們願意花時間，自製中英對照詞彙表，硬是把程式設計該學的英文單字與拼音都記下來**，可見他們真的透過程式書寫，找到背單字的動力了。

不一樣的過關考試

除了課程外，我們為 Scratch 設計的過關考試也別出新裁。考試期間可以上網、可以看書、可以自由進出考場，只要在八小時內寫出我要求的程式，就算過關。

學生們本來很高興，想靠著查資料找出答案。不過**我設計這種考試的目的，就是**

想讓孩子們知道，不是所有的問題都有一個標準答案在那裡等著被發現，而且解答的方法，也不會只有一種。

他們很快就發現網路上、講義裡都沒有標準答案，只好埋頭努力寫出程式來。有好些人寫了一整天，也沒有成果，有些人則在考試時間快要結束時，才勉強過關，當然也有孩子早早在上午就寫出程式，但他故意等到午後再交答案，好有個理由留下來吃中午的便當。

這當然又是一個我在偏鄉感受到的震撼，平常我開會吃到煩膩、厭惡的便當，居然是孩子們奢望的一餐。

我不只一次看到他們珍視著手中的排骨，然後慎重地咬下一口，再慎重地放回便當匣內，好像那是易牙端出的珍饈，或是天使捎來的美饌，彷佛生平第一次吃到炸排骨那樣，一口一口都要將味道狠狠咬進記憶裡。

其實孩子們不至於餓肚子，只是有沒有人定時、定量地提供均衡的熱飯菜，照顧他們正在發育的青春之軀？這或許也是一個熱騰騰的便當在他們眼中如此珍貴的原因，一個有肉有菜、有友伴共食的便當，想必能夠讓他們維持好一陣子的溫暖。

過關考試後，有些人晉級到 APP Inventor的課程，有些人繼續留下來和 Scratch 纏鬥（**只要學生願意來上課，不管多久才能過關，我們都會陪著他們努力；只要他們不放棄，我們也不會放棄**）。

時序進入學期中，無法再像暑假那樣密集上課，我們變成每個月花一至兩個週六到東石去陪伴孩子學習，讓他們維持對程式設計的熟稔。

然而一旦學期結束進入寒暑假，有新的孩子加入初階的 Scratch 課程，也有元老級的要開始學 Arduino，再加上 APP 還沒有過關的，我們可以一次開三個班級，然後像工作地點在東石的上班族一樣，經常在82快速公路迎曦送月，用我們的熱忱將台南與東石間的距離，拉近成師生間心貼著心的距離。

靠自己的力量過關

對於孩子的評價，我總希望跳脫傳統給分的制度。APP Inventor 的課程結束後，我又採取開放式的考試，學生可以翻書、上網查資料，只要交出最後的程式即可。

當然，這次的題目比 Scratch 更具挑戰性，同樣只有一題，但預計要寫四天才能完成。他們必須連著四天的時間，從上午九點坐到下午四點半（中間僅休息一個鐘頭用餐），全心對付眼前的難關。

後來我聽家長提到，在那四天的煎熬中，孩子晚上回到家心心念念都在解題這事上，吃飯也想，洗澡也想，再帶著題目進入夢鄉。

雖然一開始有學生誇言可以在一天內就交出答案，但是到了第二天晚上，大家開始焦急。有孩子在飯前禱告時，祈求上帝幫助他們找到解答的方法，也有孩子開始熬夜設法解題，就怕自己過不了關。時至最後一天，連教會的楊老師都來帶領大家禱告，一起集氣，為彼此祝福。

讓我感到驕傲的是，孩子們謹守榮譽考試的規則，不用中文介面，不相互討論，即便卡關再久，也要靠自己的力量解決。不過孩子總歸是孩子，這一刻還在為解題的方向眉頭深鎖，然而一到發放便當的時間，他們又笑盈盈地大啖午餐，還不時疑惑地問我：「奇怪耶，老師，我一整個早上都坐著不動，怎麼肚子會這麼餓啊？」

孩子們陸陸續續過關，但也有孩子還在為自己的程式除錯（de bug），交卷期限快要結束時，有些只差一步就可以完成除錯的孩子，幾乎要急哭了。

我不忍在他們即將成功之際，斷絕他們的希望，罔顧他們那四天的努力，於是延長交卷的時間。

孩子們一聽到我的宣布，立刻擦去已經掛在眼眶的淚珠，繼續拚戰。也有的孩子完全沒注意時間問題，無視過關者的歡呼聲，只知道埋頭努力，默默演算。寫程式進入某種節奏後，就是這樣老僧入定，我彷彿看到自己年輕時的樣子……

不論最後有沒有跨過我們設定的過關門檻，奮鬥超過三十小時的孩子，已經變得不一樣了。他們激發出自己內在的熱情，沐浴在同儕的激勵中，建立起難以取代的革命情感。他們知道自己的不足，體悟到堅持不懈的美好，這些都幫助他們儲備更多自信，隨時可以登上他們為自己搭建的舞台。

培養「說服別人」的能力

為了鼓勵所有晉階的學生，我們每個暑假都會在成大資工系系館舉辦盛大的發表會，讓孩子們展示他們的學習成果。

為了肯定、榮耀他們的成就，我們租用了一輛遊覽車，將路得關懷協會的老師、學生以及部分家長載到台南，先請孩子們一嚐他們難得有機會吃到的麥當勞速食，然後再開始成果發表，下午還準備了豐富的茶點自助餐，讓他們為精美的甜點垂涎。

事情辦得愈盛大，孩子們愈會有被尊重的感覺，我認為這也是他們為自己掙來的認同，值得張燈結綵一番。

成果發表有兩個特點，所有的孩子必須自己上台說明他們的作品，而所有與會者，包括老師、學生、贊助活動的來賓等等，都有等值的一票，可以投給他們心儀的作品，以決定最後的名次。

之所以要訓練學生上台，因為這是個需要說服別人的時代。在說服別人之前，必須先有思考和判斷的能力，知道如何把一件事符合邏輯地推導出來。在說服別人的當下，也要有敏銳的觀察與判斷，知道適時接收對方的反應，修正自己的論點，以達到最有效的說服力道。

畢竟我的短期目標是幾年後讓孩子們可以自己接程式設計的案子，可以設計程式或其他作品上架販售。如果他們沒有推銷自己的能力和自信，如何順利與未來產生鏈結？

至於評分的標準，我覺得大人與孩子的著重面不同。在網路社群的世界裡，沒有哪一群人的觀點比其他群體的觀點更應該被看重，因此，我讓每個人的票等值，希望作品收集的回饋面面俱到。

結果，得到第一名的作品只是很普通的迷宮遊戲，但這位同學的迷宮做得比較漂亮，關卡的設計引人發笑，孩子們覺得有趣，因為他們的總票數有八十多票（大人只有三十多票），很容易就左右了比賽的結果。

當這個迷宮遊戲以壓倒性的票數奪冠後，有些來賓找我討論，認為該作品並不特別出色，這樣的結果對其他同學有些不公平。

要能從疼痛中學到教訓

我不禁反省，當孩子與大人的意見相去甚遠時，為什麼只有大人的見解才是對的？孩子們覺得有吸引力的作品，就有它的市場價值。簡單又容易玩的遊戲，才是孩子們可以認同的設計，這一點都不違反市場規則。

更何況，世界上哪有公平這回事呢？例如，另一位同學，他的作品完成度很高，程式邏輯也極有條理，甚至不輸我自己的研究生，但最終卻未能獲得名次。其實我自己的那一票也是投給他，很多來賓都為他的落選抱屈，但我並未因此做出任何補償。

畢竟受挫才是人生的常態，我希望他不要一味沉溺在失敗的悲傷中，而要積極反省自己未得獎的原因，是講解不夠生動？還是作品本身吸引力不足？我自己始終相信，不能白白被失敗打了一巴掌，卻沒能從疼痛中學到任何教訓。

另外，我也跟同學們強調，**任何獎項都是外在一時的榮耀，自己學到的知識才是別人搶不走的寶藏**。這世間比的是誰的氣比較長，而不是誰頭頂的煙火比較耀眼。（不過日後我也明白，要讓孩子瞭解並接受這種大人的道理，沒這麼容易。）

塑造思辨判斷力

我在教導程式書寫的過程中發現，如果我一味將孩子訓練成寫程式的工匠，而不讓他們知道為什麼要寫這些程式，將來他們只有當代工的命——在別人設定的規格下，做出別人要的制式化的東西。

因此訓練學生養成思考「現在面對的問題是什麼？」「如何解決這些問題？」「電腦程式可以為解決這個問題幫上什麼忙？」甚至是「為什麼人們需要解決這種問題？」這一系列問題的習慣，塑造他們思辨判斷的能力，才能培養出這個時代需要的領導人才。

因此，**我總是提醒孩子們「學問」的意思，其實就是「學習如何發問」**。以前孩

話從東石說起……

子們碰到問題，總是直接丟個沒頭沒腦的訊息到臉書上，要我給點提示，這表示他們沒能全面觀照當下的難題，只想求個「頭痛醫頭，腳痛醫腳」的捷徑。

然而，好的發問者清楚自己的現況，擁有完善的表達能力，知道如何用精準的語言，讓對方理解自己的難處。

在我不斷「打回票」後，儘管覺得我在找麻煩，但孩子們為了得到我的協助，只好學著按照我的方法，提一個可能「對」的問題。慢慢地，他們就會知道，我的為難是為了他們的進步。我愈是挑剔，表示我愈看好他們的潛力。

另外，我也要孩子們知道，**電腦程式只是一種科技工具，不是最後的目的，要利用科技工具改善世界、解決問題，則需要掌握各個領域的專業知識**（domain knowledge）：醫學需要借重資訊科學解決的問題，自然不能用音樂領域的需求來理解。

然而，隔行如隔山，孩子們既然不可能學會所有的領域知識，就要能夠和不同領域的人合作，瞭解不同領域的使用者，有什麼不同的需求，並給出相應的回饋與支援，共同完成目標。

因此，除了傳授程式知識外，我也提供機會，讓孩子們培養自己的領域知識。一個孩子有一個專業，兩個人、三個人加起來的相乘效果，就無法小覷。

因此在前面提到的冬令營中，我們找來3D列印、雷射切割及Inkscape向量繪圖、桌遊及動漫繪圖的專家，幫孩子們打開眼界，建立各種才能（而不是才藝）。這些才能有助於他們做出自己的自走車，以及未來的所有設計。

建立孩子學習的驅動力

至於迷宮，鑑於孩子們潛力無窮，我們故意使用可變更模板的設計，讓自走車無法藉由「記憶」地圖走出迷宮，必須透過一次次全新的「判斷」，離開迷宮的桎梏。

這就是所謂的沒有標準答案的題目，學生們必須從毫無頭緒的狀況中找出突破迷宮的方法，唯一的明燈就是他們掌握在手上的知識與思維能力。

我記得冬令營那幾天剛好寒流來襲，連一向溫暖的台南也關不住如刀的北風，大家瑟縮成一團，連出門都得鼓足勇氣。但A同學等人或坐在研究室冰冷的地板上，雙盤腿架著電腦改寫程式，或是趴望著地上的迷宮，用手機藍芽遙控自走車，他們全副心神都在眼前的迷宮，完全不察地板的寒意。

我不禁想到，許多人認為偏鄉的孩子沒有進取心，但他們卻沒想過，問題可能在於我們不曾提供希望，讓他們知道向上爬的可能性。

到了冬令營這個階段，我已經不再用「外在誘因」吸引孩子學習，不論自走車能否成功走出迷宮，都已經沒有名次、獎品或另一個冬令營在等候他們，他們奮力解決問題的動機，全緣於自己內在的驅力。

他們的付出讓我相信，只要我們肯為孩子開扇窗，他們自然會看見努力的意義。

偏鄉孩子的背景

我自己的經驗有限，不敢直言偏鄉的家庭在支持孩子的成長、發展時，有什麼不盡如人意的地方，但是瞭解這群孩子的背景後，的確讓我受到不小的震懾，至少有好一部分的孩子連好好念書的基本權利都無法享有，更遑論什麼生涯規劃、圓成夢想了。

像A同學，我大概花了半年的時間，他才願意在說話時直視著我。在那之前，我人在左邊，他就把頭轉向右邊。我站在他面前問話，他就低頭回答我。我雖不以為忤，但這樣的肢體語言總是讓人不悅。

事實上，他在同儕間的確是不受歡迎，常常因為「白目」而被霸凌。我後來從教會老師那邊得知，他會有這樣的性格，全是因為幼時受虐，長大後頻頻受到欺凌，因此無法輕易相信別人。

而B同學的問題又不一樣，祖父母及父母雙亡，監護權在唯一的親人姑姑手上，但姑姑罹患嚴重的心臟病，不時得進出醫院。

這樣的孩子自然會認為，他和世界僅餘的牽繫，就跟狂風中將滅的燭火一樣，自己完全無力維持。所以在受到教會的「照顧」前，他經常在街頭遊蕩，像是先為自己的未來預習無家可歸的課題。跟著我們上課後，我不時都會看到他不定的個性，很容易分心，很容易出神，好像在命運還沒敲板定案之前，他也不知道該拿自己怎麼辦一樣，很是教人心疼。

C同學的媽媽最了不起，她是東南亞來的新住民，嫁到台灣前，並不知道未來倚託的夫婿身患痼疾。她不僅在丈夫發病時得一手扛起家計，還要攢錢，寄回娘家，幫忙撫養父母，因此一個人打了三份零工，連睡覺都嫌奢侈。在這樣的情況下，她再怎麼想要照顧C同學的學業，想要幫他改變命運，在時間、精力與能力分配上，都萬萬不及。

當然，也不是所有的故事都這樣教人鼻酸。D同學父母健在，家庭和樂，唯一的罩門是他妹妹。萬人迷的妹妹搶走他作為哥哥的所有風采，讓他備受打擊。在程式課堂上，他表現得非常積極，那種想要吸引目光的樣子，已經到了討人厭的地步，可見他平時有多麼不受注意。

自從學寫程式後，D同學變得不一樣了。他媽媽告訴我，過去他花很多時間看電視、打電動，對人生有「擺爛」的架勢，但現在卻不太被這些娛樂吸引；以前的禱告都是照本宣科，現在則一定會要求上帝給他力量，讓他寫出程式，讓他完全除錯。

不難想見，D同學「此時」能夠超越妹妹的成就，就是寫電腦程式。他當然也對寫程式有興趣，但電腦程式更像是他得以翻身，得以證明自己的武器一樣。他努力磨刀，終有一天要打破妹妹的魔咒，建立自己的天下。

E同學也是家庭正常的孩子，比較特別的是，他的父親是位避世的插畫家，不太看重學歷、賺錢的價值，他希望孩子留在東石安安穩穩過日子，不要汲汲營營於功名（課業）和利益（高薪工作），因此對孩子來學習電腦程式有些疑慮。

我親自拜訪E同學之父，告訴他孩子學寫程式的目的，正是為了留在東石。有本事的程式設計師有點像藝術家一樣，可以依自己的喜好選擇案源。只要有電腦和網路，去到哪裡都可以寫程式，可以在自己喜歡的地方輕輕鬆鬆過日子。

但如果沒有這項技能，E同學又不像父親那樣可以靠插畫為生，難道在東石這種已經沒有具發展性工作機會的地方打零工，日子就可以安安穩穩、輕輕鬆鬆嗎？

也有（就鄉下學校的標準）課業資優者如F同學，他的個性很適合寫電腦程式，然而他始終放不下要考上好大學的想法，因此對時間的分配一直有所猶疑：到底要花時間念書？還是要寫程式？畢竟每個人的時間都是有限的。不過他曾告訴我，學寫程式讓他的英文變好了，他也終於明白我為何總是耳提面命英文的重要性。

上述這些孩子中，有一位在微軟的 KODU 比賽裡得到第二名，他應該是所有得名者之中，唯一一位在校成績連一、兩個B都掙不到的偏鄉孩子，若不是已經事實俱在，任誰聽到這消息，可能都會認為是痴人說夢而已。

成為孩子信任的友伴

提這些例子，並不是為了攬名聲，好像我將電腦程式教學帶入東石，就讓偏鄉孩子的命運有了大逆轉。我相信路得關懷協會楊萌智老師所言，**教什麼給孩子並不是重點，孩子需要的就是長期的陪伴。**

過去，政府對偏鄉的教育政策就是一味砸錢買硬體，或是設立各種「中心」，或是讓大學生寒暑假「下鄉」作陪，少有官員願意去偏鄉真正待一陣子，和他們一起生活、一起學習或工作一陣子，瞭解在地真正的需求，所以各種政策總是隔靴搔癢，不切實際。

我自己也是花了好長一段時間，才從各種偏鄉現場的震撼中，慢慢修正自以為是的看法，和孩子們建立情誼，成為他們信任的友伴。也因為如此，孩子們才願意從我幫忙開啟的窗格中，探頭看看這個世界的其他可能性。

世界就是一部大電腦

一路走來，其實有許多人質疑過，身為資工系的教授，我應該專心做研究，把學生教導好，發表更多論文，申請專利，為國家建立更多科技榮耀才對，怎麼會把寶貴的時間「浪費」在偏鄉學童身上？

讓我們來精算一下，通常一位教授跟科技部申請一個計畫，大約可以拿到五十至一百萬元的經費，少數可能的技轉廠商所提供的權利金，大約也落在這個光譜內，就算年年申請、年年技轉，二十年下來，KPI⑤也就是一、兩千萬。

但是一個偏鄉的孩子，因為在學校無法得到肯定、因為在家庭無法得到照顧，而誤入歧途，不論是一時犯傻，或是養成惡習，每一個差錯都不是一、兩千萬可以彌補的。

更何況我知道，像是過溝路得關懷協會這樣的團體在嘉義就不下十數個，大家照應的孩子加起來就有上千人。這還只是嘉義縣，不是人口大縣，真要算出全台灣需要幫助的偏鄉孩子，不知凡幾。如果這些孩子沒有走上正途，那社會成本該有多巨大？用誰的 KPI 可以彌補得回來？

孩子生在偏鄉，不應該就此受到偏差的待遇，我甚至認為，「偏鄉」一詞只有相對性的意義，這個「偏」是偏頗的偏，而不是偏遠的意思。

台灣在發展的過程中，太受資本主義的影響，島嶼的南北兩端都市化嚴重，吸引了大量的生產人力，因而虛化了原本以農、以漁為主業的鄉鎮，所有的發展和機會，都與它們錯身。

同時，**社會卻用與都市一致的標準，否定這些鄉鎮的孩子，剝奪他們在適性發展**

⑤關鍵績效指標的意思。KPI 為 Key Performance Indicators 的簡稱。

時原有的各種可能性。

然而，這樣的偏誤是可以改正的。我喜歡將世界看成是一部大型電腦，人類的作為就像在為電腦寫程式一樣。如果程式沒寫好，電腦運作不當，人類就會因而受苦、甚至滅亡。

例如，我們曾經為了提高農業產量，施用了大量的化肥和農藥，把世界變成如今飽受污染的模樣。現在只能改用有機的「程式」，希望慢慢能將地球變回它該有的美麗模樣。

同樣地，之所以有「偏鄉」，也是因為我們在台灣這部電腦上實作了不好的程式，才讓它們無法成為「樂土」，所以我們得另外重寫一個讓孩子幸福的程式，將它改正回來。

我將偏鄉程式教育的概念，取名為 Program the World，就是基於這樣的想法，而不是狹隘地單指電腦程式而已。

句中的 Program 是動詞，從東石開始，及於全世界，翻轉偏鄉的面貌，那就處處是樂土了。

二、敲開生命的窗

小學時，我成績不好，又愛搗蛋，或許是怕被遺忘，所以我用最喧鬧的方式，證實自己的存在。

雖然未曾認真調查過，但我相信台灣各鄉鎮市區可能都有一間校名在當時十分政治正確的中正、建國或光復國小，我就讀的國民小學在高雄前金區裡面算是數一數二的大校。在那之前，我還念了它附屬的幼稚園。

當時，台灣的經濟正在起步，節育觀念也尚未普及，學校裡每個年級不僅動輒十幾個班，每個班級人數也都超過五十人。

走進那個每天升旗典禮時只見一大片黃澄澄「帽」海的環境裡，我和台灣所有的學生一樣，接受社會化的洗禮。唯一的差別是，我的缺席率比較高，一週平均請假兩天。

認命的藥罐子

如果讓我自己選擇，我的確也不愛上學。不過，我頻頻缺席的原因，是因為身體還不夠強健。

往往下午還開心地跟哥哥姊姊玩玩具，黃昏時就發燒了，而且我的身體好像有預設值一樣，一旦發燒，一定是四十度起跳。母親總是匆忙準備好晚餐，然後帶我坐上三輪車，趕赴診所打退燒針，之後再徹夜照顧我，甚是辛苦。

通常沒有個四、五天，我是不會退燒的。退燒後，一定元氣大失，非得請假休養，這樣週復一週，月復一月，課業自然落後，成績難以維持。

作為藥罐子，我算是相當認命。打針、吃藥，全依醫囑，高燒困乏，也都逆來順受。我的血管很細，末梢循環不佳，不只進針不易，每次打針後，皮膚上都會瘀青一大塊。但這些程序對我幾成例行公事，我好像也沒有什麼抗議、反對的念頭。印象中，只有一次碰到一位新手護理師，扎了我手臂七次，還沒找到血管，我才放聲哭了。護理師姊姊也被我嚇到，充滿歉意的眼淚跟著決堤。

幸虧哥哥姊姊都身強體健，讓我有「三人份」的醫藥費可以花用。我上小學後，家中的經濟狀況大幅改善，爸爸賺的錢，讓我天天可以喝人蔘茶養身體。根據媽媽的推測，我每幾個月服用的高麗蔘沒有半斤，也有六兩，身軀「金貴」得很，卻始終未見強壯。

幼童迷途記

像我這樣的身體，明明可以跳過不是義務教育的幼稚園，但父親卻堅持我應該和同齡的孩子一樣，接受學前教育。

那時，我家鄰居有位年紀小了我半歲的男生，和我一樣，也是初入學的新生，爸爸安排他照顧我，放學後，負責帶我回家。不過，開學前三天，爸爸還是親自帶著我走到幼稚園，再沿著原路帶我回家，直到他確認我知道哪個路口該轉彎，哪個店家前要過馬路，才放心讓我上學去。

只是爸爸沒能把「路隊」這件事算進去，以致我上學第一天就演出迷路記。

幼稚園將學生放學的路線分成三條，我本應該屬二號路線。那天，放學前用過點心，老師就把學生按路線分配好，只是不知哪個環節出了錯誤，我居然被分派至三號路線。

我的小夥伴一直喚我回到二號路線，但或許是點心吃太飽，所以無力思考，或是不敢反抗老師的安排，總之，我一動也不動，乖乖留在原地。

眼看〈放學曲〉即將放送完畢，趁著老師不注意，我那義氣十足的夥伴試圖將我拉回二號路線，我卻頑固地拒絕了他。等到第二路隊出發了，無奈的夥伴，只好陪著我，跟著三號路線的帶隊老師向前走，出門口後，立刻左轉。過了兩個十字路口後，老師才讓大家解散，各自回家。

第一天上學的初生之犢，被丟在距離校門口五分鐘的路程外，因為擔心被老師質疑，所以不敢跟著老師回頭往學校走，我們兩人只能手牽手，跟在多數小朋友後方，愈走愈遠，愈走愈累，然後我們發現兩個人一直在繞路，因為某家銀行總是不預期地出現在路口，至於家在何方，我們完全沒有頭緒——迷路的我，無助地坐在路邊，放聲大哭。

多虧比我小半歲的夥伴，一邊盡責地安慰我，一邊還向路過的大人問路。然而面對兩個說不出自家地址的孩子，路人即便想幫忙，也沒有辦法，甚至沒人想到可以帶我們到警察局去求助。

時間愈來愈晚，我的哭聲卻從未或歇。小小的腦袋瓜裡，搬演許多可怕的劇碼，擔心自己流落街頭，再也回不了家。天可憐見，在太陽終於下山、街燈紛紛點亮之際，我的夥伴堅定地說，還是先走回學校，再沿著二號路隊的路線走回家吧。

他又再度拉起我的手，帶著我穿越酒家和舞廳林立的街道，和許多身穿高衩旗袍的女子錯身。我們並肩站在斑馬線上，綠燈亮時，他拉著我起步，穿街走巷，始終沒有放開我的手。

腦袋突然開竅

適才那陣彷彿世界末日的痛哭，好像把蒙蔽我心志的塵埃給洗淨了。我跟著小夥伴走回學校的那一刻，腦袋忽然開竅了，彷彿有什麼不可知的力量，將過去五年多始終包覆著我的一層硬殼剝了去。我氣定神閒地說道：「我知道該怎麼走了，我們回家吧！」

夥伴驚訝地看著我，好像不明瞭我怎麼會由性情慌張的哭鬧情緒，忽然變得心志篤定，也許那是我這輩子最像「文曲星」轉世的一刻！

我沒有任何遲疑地拉著夥伴的手過馬路，沿著複習過許多次的二號路線走回家去。到了家門口，看到許多人聚集，哭紅了雙眼的媽媽把我緊緊抱入懷中，久久都不放開。我隱約聽到有人打電話說道：「小孩找到了。」不難猜測，迷路近一個下午，我們引起了多少擔憂與掛心。

從此以後，我再也不曾迷路。我不只固定排在二號路線，不時心血來潮，還和夥伴嘗試不同的回家路線，用一種生澀的方式探索這個世界。那時，我隱約瞭解到，這輩子會陪伴我一直走下去的人不是父母親，而是朋友。後來我的夥伴轉學了，我又認知到，沒有一個夥伴可以永遠陪伴我。然而，只要真心待人，人生不時會有不同的夥伴，陪伴彼此度過不同的難關，共譜一段人生的閱歷。

性格中的黑暗面

在人生的每個階段中，我都曾與不同的夥伴建立各式革命情感，只不過小時候沒有眼光，不懂得尋找合適的夥伴，我也因而認識自己性格中比較怨懟的一面。

記得有一次幼稚園老師發了一張圖片及幾個不同顏色的積木給我們，要我們把積木擺放成圖片上的參考樣式，接著再回答老師幾個問題。（後來知道那應該是某種性向或智力測驗的工具。）

在那之前，我不曾玩過積木，所以興奮地將積木疊高起來，想疊成高塔或大樓。積木一次次地倒落，我耐著性子一次次地重建，等到一疊積木終於垂直站定時，我開心地拍手叫好。

至於老師的提問，老實說，我不太能理解，可能因為我剛入學時，還不是很能掌握老師說的國語，也可能是因為我想要醞釀出一個完整的句子，再回答老師，所以反應慢了好幾拍。總之，「測驗」結束後，老師將我分配到一個小圈圈去。

那大概就是最早的能力分班了。負責小圈圈的老師用慢到誇張的速度跟我們說話，加上誇張的手勢和表情，顯然就是把我們當成智力發展比較遲緩的兒童了。

我小小年紀，不懂得抗議，只認為這邊上課很無聊，而另一邊大圈圈的活動似乎比較有趣。再加上大圈圈中有一位標緻、亮麗的女同學，常常讓我看到出神。

她那紅潤的雙頰，配上勻稱的五官，還有兩條烏黑如墨色油亮的辮子，雖然大家都是五、六歲大的孩子，但她看起來就是比我們成熟了幾許。不只小朋友都對她言聽計從，連老師也要禮讓她三分（據說她的母親是國小老師）。

大圈圈對我的吸引力如果像花叢之於蜜蜂，那麼，那位標緻的同學就是花叢中最鮮豔芬芳的玫瑰。我迫切地想要加入他們的遊戲，但他們奔跑的速度不是我體力所能及，甚至有幾次還被他們故意絆倒，上演如《蒼蠅王》中訕笑、排擠、辱罵，甚至暴力的劇碼。

原來，結黨營私、排除異己不只是大人的手段，孩子們把玩起來，也頗得心應手。教育中的物競天擇，讓幼兒提早展現人性裡不堪的那一面，對施暴者如此，對受暴者如我，亦是如此。

有一次，我終於忍無可忍，決定報復，在那位標緻的同學即將奔跑過的路徑上伸出腿去，害她狠狠摔了一跤，不僅手腳受傷，連面容都擦傷了。

相對於我在計畫報復行動時的激動和興奮，那女孩跌倒後，我卻一點都開心不起來。其實，這個錯誤從一開始就可以避免，只要我懂得慎選夥伴，或是懂得知難而退即可。但我性格中的黑暗面，讓自己容不得委屈，一再選擇用惡劣的方式來面對人際的艱辛。

前面提到，我在小學低年級時還常常考不及格，害媽媽被親友們取笑，我心裡隱約也覺得丟臉，也想要在學校出人頭地，但卻錯把心思放在整人的把戲上。在同學坐下前，快速抽走椅子；拉痛女同學的馬尾；把同學從溜滑梯上推下去；亂畫同學的課本和作業簿，這些都是常見的戲碼。

等我上了高年級，還會到電子街去買電子組件，看女生被觸電的整人玩具電得哇哇叫，我則在一旁拍手尋樂子。

那時的民情還算純樸，未曾聽聞校園霸凌事件，否則以我的作為，必會被較高大的同學狠狠教訓。不過，被我欺負的同學，也不會善罷甘休，頻頻在教室中告狀：「老師，你看蘇文鈺啦！」這類告狀聲不時出現在教室裡，於是我成了最常被老師責罵的學生。

知遇恩師孫先秦

現在回頭想想，我應該就是老師最討厭的那種學生，成績不好，又愛搗蛋。或許我生病缺席的時日，老師反而鬆了口氣。

當時，我怎麼不抱著孱弱的身體，在班上扮演最沒有存在感的學生就好？為何非得違反本性，擔綱頑童的角色？我想那是個小病童跟世界撒嬌的方式，他深怕自己的缺席害得他被同儕世界遺忘，因此用最喧鬧的方式，證實自己的存在。

一直到中年級時遇到孫先秦老師，我才學習到不必敲鑼打鼓，也可以安身立命的方式。

跟孫老師的緣分，始於他的「慧眼獨具」。他不知哪來的信心，認為我不像那種科科都在及格邊緣徘徊的學生。他趁家庭訪問時，徵得母親的同意，讓我每天放學後留在學校補習，每月收二十元的簿本費。

根據我的理解，當時小學老師課後在自家開班補習的情況十分常見。那不是現在盛行的安親班，只求讓學生們完成作業，而是真的上課、考試，讓學生反覆練習，以求通達。

別的老師收費多少，我不清楚，但孫老師只收我們二十元的簿本費，證明他開班不是為了賺錢，但不收費，卻會成為施捨。那種傳道、授業之餘的人情溫暖，讓我受益良多。

孫老師的另一則善意，是找了班上課業最厲害的女生與我一起學習，利用同儕的力量激發我的潛能。

要知道小學中年級是男女間彼此最「看不爽」對方的年齡，課桌正中央已經用刀子割出了深深一條楚河漢界還不夠，不時得再用粉筆劃上兩筆，以免對方「超線」。在那樣的性別態度中，讓敵方的人來教我功課，是可忍？孰不可忍？

然而與此同時，靠近敵方女生，總會聞到香香的氣味。她們辮子上的蝴蝶結，怎麼會那麼色彩繽紛？我討厭她們，卻又對她們充滿好奇。

在愛恨交織的複雜情緒下，我沉浸於同儕良性競爭的氛圍中，開始體會上學的樂趣，不僅慢慢從「不及格」的名單中脫隊，同時也培養出念書的習慣與方法，整個人脫胎換骨，考試成績節節高升，等到小學畢業時，已是全班第一名。

老師無條件的信任，以及對症下藥的教導方式，引領我走上人生的正途——當時我若放任自己一路冥頑好逸，真不敢想像自己現在會在哪裡。而幼稚園時期同我一樣在小圈圈裡的同學們，他們現今還在弱勢圈內嗎？我不免也想到許多誤入歧途的年輕人，他們早年也許只是沒能遇到一位相信他們的師長，從此便人生陌路。每思及此，我都為孫老師的知遇之恩感激不已。

那時我當然不知道自己長大後也會為人師表，但孫老師對我的付出，一直被我視為師生關係的典範。

只要我在學校發燒，老師立刻將我抱到他家去休息、餵藥，等我爸或我媽來接我，這事大概半個月就要來上一回。敦促課業之餘，老師還強迫我學習踢毽子，不只要練到毽子不落地，可以連踢上百下，而且還要左右開弓，雙腳皆不偏廢。他用這種方式來訓練我的體力和毅力，我也因為即將進入青春期，身體如同破蛹而出的蝴蝶，逐漸掙脫多病的枷鎖，拍打著尚嫌纖弱，但日益強壯的羽翼，朝著無限可能飛去。

B、偏鄉的困境

如何評估偏鄉的問題？除了花時間蹲點外，別無捷徑。

從台南成大前往嘉義東石最快的方法，是由高速公路轉往二〇一二年十一月才通車的82號快速道路。

這條東起國道三號公路，西至東石，貫穿整個嘉義平原的快速道路，幾乎和北迴歸線平行。除了例假日會擁上一批批滿載遊客，奔往東石海邊戲水、啖海鮮的車輛外，這條快速道路運輸量並不高，雖然有實體的一條高架道路，但是它對東石人的日常生活沒有重大的影響。

對東石人而言，82號快速道路就像那條虛擬的北迴歸線一樣，存在感很低。

下了82號公路，接上157縣道，南台灣常年可見的豔陽照得西崙村的街道亮晃晃的，寬闊的柏油路似無盡頭，只有路面上蒸騰的熱氣，對比罕見人煙的村落——這就是我每次前往東石過溝的一路風景。

如果你願意前往台灣沿海幾個偏鄉看看，我眼中的風景，大抵也會是你對「不山不市」的偏鄉將有的印象。整齊的路燈一路迤邐出平鋪的柏油道路，政府對公共建設的花費並不手軟，可是人呢？為何村落與街道中鮮見人煙？

百分之七十的東石鄉民入不敷出

我是學科學的人，就讓數字來說話吧！我曾在內政部的網站上查詢過，東石鄉近年的人口自然增加率（出生人口數減死亡人口數）為負六點二二，社會增加率（遷出減遷入）為負九點一七。用白話文來說，東石的人口愈來愈少。

除了數量的減少，東石的人口結構也讓人擔憂。東石鄉六十五歲以上的人口比率幾乎是全國比率的兩倍之高，但其工作年齡人口（十五至六十四歲人口）比率卻比全國的數值還低。

再加上高齡者眾，東石鄉的扶老比幾乎是全國指數的兩倍高，也難怪其老化指數（每一百個六十五歲以上人口對十四歲以下人口之比，指數愈高，代表高老齡化情況愈嚴重）會超過全國指數兩倍之多。

另外，東石現住人口約兩萬六千多人，其中一成（約兩千五百多人）領有身心障礙手冊，而全國領有手冊的人口比率為百分之四。

這些數字在在說明，東石鄉內比率偏低的青壯年人口，卻必須扶養比率偏高的老年，以及可能因為身心障礙而無法就業的人口。

如果工作條件良好，那麼扶養比偏高或許還成不了太大的負擔，可惜東石的就業市場並不是那麼友善，工作人口多分散於農業、漁業，或非技術工及體力工。當多數人口從事看天吃飯、收入不夠穩定的農漁業，或是老年人無法擔負的勞力活時，我幾乎可以具象化那種沉甸甸的擔子，壓得東石難以翻身、難以喘息。

以過溝國中為例，這所每個年級只有三個班級，全校不到兩百五十名學生的小校，許多學生家長是靠打零工或做粗活維生。

我曾看過這樣的報導，說是東石鄉打零工者有四分之三為剝牡蠣工。剝牡蠣的工資一斤二十元，這工資在過去二十年內從未隨物價調整過。從事這種工作的多半為年長女性，平均一天收入僅新台幣五百元。

也有研究指出，即便有福利金及親友的資助，百分之七十的東石鄉民仍覺入不敷出。在這樣的經濟條件下，能有多少餘裕關心孩童的學業？又有誰能照看他們的未來？

嘉義的母親河——朴子溪，在東石與朴子的鄉界上劃出一條美麗的弧線後，在東石的漁人碼頭附近入海。自古以來，河川入海處都會因為沖積土壤的富庶以及交通埠口的地位，而成為經濟繁榮、人文薈萃的區域。

然而，這樣的地理優勢並未發生在東石，雖然政府花了大筆費用興建漁人碼頭，希望利用東石的觀光條件，翻轉它的地位，可惜周邊配套措施未能成形，單單一座碼頭無法吸引遠道的遊客前來留宿、用餐、消費，即使到了暑氣蒸騰的夏日假期，碼頭內也有一半的商店拉下鐵門。

母親河靜靜流淌，卻再也安慰不了孩子們的傷悲……

岡林教會的感人付出

然而，東石這樣典型的偏鄉，它的困厄也是所有偏鄉的難關嗎？別忘了托爾斯泰的名言：「幸福的家庭都是一樣的，不幸的家庭各有各的不幸。」台南左鎮的岡林教會，讓我們看到另外一種偏鄉的掙扎。

我從二〇一五年暑假開始將東石的團隊拉往台南左鎮岡林地區，在岡林教會裡，教授當地的學生程式設計。

隸屬於台灣基督長老教會的岡林教會，其歷史可以回溯至一八六七年，它是由來自蘇格蘭的馬雅各醫師為醫療傳道而成立的教會。現在教會的三層聖殿建築是第五次改建的結果，所有的經費是牧師劉哲民及牧師娘楊如民全力奔走募款而得，才讓這所將近一百五十年的教會有如今的美麗面貌。

然而教會的美麗，更在它對地方的奉獻上。在岡林任職長達二十八年的牧師和牧師娘除了長期宣教外，更將青春與精力奉獻給當地居民。他們深知偏鄉學童在教育資源上的缺乏，對他們的升學有多麼不利，因此設立夜間和週末課輔班，盡其所能在課業上協助孩子們學習。

對許多教會而言，這樣的付出只是宣教之餘的例行公事，例如過溝的路得關懷教會也長年幫學童課輔。然而岡林教會更難能可貴，更值得說嘴的地方在於克服交通的困難。

因為教區幅員廣大，方圓大概有二十五公里，且陵地遍布，學童們無法像過溝地區那樣自行騎腳踏車到教會來，於是每天來回兩趟，都得靠牧師娘開車接送。週間到學校去接放學的孩子，晚上再送孩子回到各自的家庭去。假日則得一早出門，至草山、新化、大彎、左鎮、二寮等地把孩子們都接到教會來，結束後，再一一送回家去。雖然偶有教友會幫忙接送，但一趟路動輒一個小時，怎麼看，都是曠日費時的工程。

劉牧師說，他調到岡林教會的前一年，這個地方才開始有自來水。然而，自來水只是讓他們進入文明社會的大門而已，他們的生活還是像三等公民一樣。不僅沒有方便的大眾運輸系統，要接受醫療或政府服務，交通距離也都很不友善。（岡林的衛生所與派出所都因為經濟效益不彰而被裁併，需要相關服務的村民都得到左鎮去。）

過去的狀況更糟，只要夏季大雨一來，聯外的道路就會因土石崩落或淹水而中斷，有時候連電話線路都損壞，讓岡林成為孤立的世界。居民每年都要提前準備飲用水和食物，才能熬過與世隔絕的時日。

好不容易政府終於鋪設好柏油路，但安穩的日子過不了幾年，因為台南科學園區的用水需求，政府在左鎮菜寮溪的上游設了攔沙壩，大雨一來，岡林的溪水宣洩不及，很容易暴漲。我自己就曾在颱風後，被困在左鎮往岡林的168縣道上（據我知道，牧師也數度面臨同樣的困境）——土石崩落及溪水暴漲阻截兩頭返回教會的道路。我的老爺車渡不了河，只能黯然回頭，回返同樣遭逢颱風，但暴雨已經不見遺跡的台南。

左鎮岡林是另一個「爺爺不疼，姥姥不愛」的東石過溝。我在台南多年，甚至沒聽過這個地名，遑論知曉它的困境。但那些坐在辦公室吹冷氣的政府官員們，難道也和我一個教書匠一樣無知？

我與岡林的牽繫

我和岡林的因緣，是楊中平教授牽繫起來的。在那之前，成功大學人文社會中心的翁裕峰教授和方雅彗博士利用輔仁大學發展的電腦系統，在校內規劃了「遠距學伴計畫」的服務學習課程，讓成大的學生修習學分。除了學期間每個月會面一次外，願意付出愛心的大學伴和需要課業輔導的小學伴，還每週一次用電腦建立起互動的橋梁。網路的一端是成大計算機中心，另一端則是岡林教會。

這個計畫從啟動時算起，計算機中心都是資工系的楊中平教授負責管理。他雖不是這個計畫的主要推手，但也十分瞭解、認同這個計畫的意義。翁教授和楊教授都相信，相對來看，成功大學的學生都算是「人生勝利組」，身邊盡是同溫層的友伴和師長，讓他們難有機會瞭解社會的原貌，這使得成大的學生既無法珍惜自己的既得利益，又無法同理社會底層的掙扎。

藉由這個學伴計畫，即便他們的初衷是為了學分，但總是有了下鄉觀看的機會，眼睛打開了，情感生成了，就算他們還無法完全瞭解社會階級是怎麼一回事，不瞭解「另一邊的人怎麼過活」①，但**他們起碼不會再認為自己擁有的一切都是理所當然的**。（其實我知道少數學生在學期結束，拿到學分之後，還是持續關心岡林的孩童。只要這樣的善行種子愈多，我們就愈早能夠擁有花開滿園的社會。）

成大的「遠距學伴計畫」與我在東石的程式教學計畫在時間上平行了大約一年，後來楊中平教授得知我在東石從事的工作，便興起念頭，要我們將岡林的學生也納入學習的行列，讓原來只針對學科進行輔導的學伴計畫，增加程式書寫的可能性。

偏鄉服務經驗無法複製

一開始，我認為 Scratch 的課程在東石已經實行了好幾個階次，可以算是非常成熟的版本，要複製到岡林（甚至到任何地方）不會有問題——我很快就為這樣的天真感到汗顏。

岡林第一批上課的學生大約有十五人，年級分布從國小三年級到國中三年級，這樣的「年齡」結構和東石過溝一開始的情況差不多。不同的是，岡林教會的硬體設施很好，有自己的電腦教室（電腦雖是左鎮國小的淘汰機，但我們不必像東石那樣從募集電腦開始做起），按理只要派研究生過去上課，我偶爾前往監督、指導就行了。

然而，問題沒多久就浮出水面。因為我們必須遷就教會的行程，所以上課時間很難固定。如果九點半開始上課，牧師娘必須七點就開車出門去載學生，這期間難免有學生臨時請假，或是路上交通碰到延遲的狀況。

其實，並不是所有家長都沒有接送能力，部分家長不自己送孩子到教會來，反而有一種「安親班式的思維」，把接送學生的事務交由教會來做，教會為此增加不少負

①此為《階級世代》一書中所提到的社會改革者 Jacob Riis 的觀念（衛城出版，二〇一六年三月）。

擔。

也許家長的態度影響了學生的意願，只要一有理由，「親戚要帶我去玩」、「要到隔壁村吃拜拜」、「昨晚沒睡好」，孩子們就請假不來上課，一點都不認為我們從台南市過來上課的心意，有什麼值得珍惜。

因為每個孩子來上課的時間不固定，導致每個人的程度也自然不一樣，東石的課程自然很難易地移植。不像東石的楊萌智老師和陳雪嬌老師有清楚的角色分工，再加上有兩位課輔老師及長年服務的志工一起幫忙，東石的課程，至少在學生的出席率與上課的秩序管理這兩件事上，不用我們太過費心。

相對來說，岡林的人事太過精簡，主事的牧師和牧師娘個性過於和善，兩人都是白臉，說不出重話，因此孩子們誰都不怕，教室秩序極難控制。先天條件的差異，讓我們即使投入很多資源，都不見得有效果。

我這才知道，我們用在東石的那套人海戰術，只是各個環節都準備好的時候用來加分的工具。當孩子們連上課時間都不穩定時，拉再多的人力資源進來，也不會有成效。

我聽牧師提過，其實，孩子們並不是只對程式設計的課程抱持隨意的態度，成大的大學伴剛到岡林時，與那裡的孩子有許多觀念的衝突，讓彼此都「大開眼界」。成大的學生很難理解，為什麼孩子們有那麼多時間，卻不好好念書；孩子們也覺得大哥哥、大姊姊們太奇怪，為什麼有那麼多時間，卻不好好去玩。

對於學校的課業，孩子們只要稍微考好一點點就很滿足，考差了的同學，還會互相比較誰的分數更難看。正因為在這種沒有讀書氛圍的環境中長大，孩子們去學校已經是萬不得已了，若還要額外犧牲遊玩的時間到教會上課，他們當然百般不願意，所以總是盡各種推托之能事。

難道家長也不在乎孩子們的課業成績嗎？

經濟的弱勢造成教育的弱勢

從區公所網站上查得的人口資料顯示，左鎮區的扶養比是四十七點七三，在台南市僅次於白河區的四十七點九七，更是全台南老化指數最高的區域（百分之三百五十一點二五，台南市平均為百分之九十五點九九），而岡林及附近的草山、二寮扶養比都高居五十上下，都是讓人擔憂的超高齡社會。

與左鎮區其他幾個村落不同，岡林、草山、二寮的地形盡是缺水的丘陵，耕地面積畸零、狹小，機械難以派上用場，以農為生的人並不多。再加上教育程度有限，因此成年人口多半靠出賣勞力營生。政府為求地方發展，推動草山月世界的觀光，然而月世界只是地形景觀，周遭完全沒有附屬設施可以消費，停留一個小時的觀光客，只為岡林地區帶來遊覽車排放的廢氣，以及乏人清理的垃圾，不曾增加任何地方收入和就業機會。

這裡的就業人口還是以粗工為主，有些青壯年甚至得前往台南市或高雄謀職，假日才會回山上陪伴由祖父母照看的孩子。

經濟的弱勢造成教育的弱勢，多數家長們為營生已經耗盡精力，既沒有時間，也沒有能力要求孩子們的課業成績。城鄉的差距不僅減少山區孩子的機會——儘管他們也是那麼聰明，也影響了親子關係的品質，至少在日常相處的總時數，就得大打折扣。

這些城鄉差距都是老生常談，然而岡林讓我更驚訝的，是連外籍配偶的融入，也有城鄉差距。

偏鄉外籍配偶的困境

我曾經看過教育部在二〇一六年公布的統計數據，新住民第二代子女就讀各級學校的人數已經超過二十五萬人，其中正在就讀大專院校的就有三千人，我自己也有新住民第二代的學生。

因為新住民人口眾多，這些媽媽們多半都被賦予照顧子女的責任，**當孩子們的發展出現問題，新移民媽媽「語言能力不夠」、「給孩子的文化刺激不足」等等罪名，就會冠在她們頭上。**

然而，由於新住民自己的團結和努力，長期來在各鄉鎮社區已形成網絡，姊妹間相互支援，再加上政府及民間培力團體辦理了各式課程，讓新住民可以在語言文字、社會風俗、健康習慣等面向上盡快融入台灣社會，按理上述的弱勢現象應該愈來愈罕見。

可是像岡林這樣的地區，許多新住民或是得協助先生出賣勞力賺錢養家，實無空暇時間去上課，或是沒有交通工具，可以去參與相關的成長課程，儘管新住民在台灣其他地區的狀況漸有改善，但岡林的她們蝸居在山區，該有的機會全部被剝奪，雙重的弱勢，讓她們完全坐實了社會對新住民媽媽的負面觀感。

我在岡林就遇到一位印尼籍的配偶，兩個兒子年幼時，先生就過世了。她認為夫家叔伯們覬覦先生的保險金，又怕他們把自己的兒子帶走，所以每天死守著孩子，沒必要，絕不出門。到台灣已經十幾年，華語還說不好，即便教會提供各種可能讓她受惠的課程資料，她也興趣闕如。

如果這樣的家庭位在都會區，教育及社福單位都比較容易介入協助，新住民的自助團體也容易與之接觸，幫助這位媽媽活出自己的價值。但**空間隔閡了這種種可能性，岡林起伏的陵地成了具體的阻礙，不只讓母親囚禁自己，也讓孩子失去自由。**

問題是孩子會長大，他們會慢慢掙扎這樣的牢籠。我聽說光是讓兒子們和自己分房睡，這位媽媽都快要精神崩潰了，遑論孩子長大後種種發展的可能性。

不論後來孩子們寧可撕毀彼此的信任，硬是要離家而去，或是孩子們認命地窩在母親的羽翼下，永遠失去展翅的勇氣，都是教人難以忍受的結局。

然而，就像劉牧師問我的，難道我們只能眼睜睜看著一場必然的悲劇朝它的結局發展下去嗎？

用社區的力量解決社區的問題

翁裕峰教授的做法，也許可以改變岡林的現況。

在我試圖用程式教育教導孩子們應付未來的生活需求時，翁教授則在科技部「人文創新與社會實踐」計畫案的框架下，用人文的溫暖，搭配在地既有的條件與資源，進行社區營造，讓成年人找到家鄉值得認同的價值，建立對社區的歸屬感。

他透過團隊同事，結合不同的學科專長，包括邀請建築系簡聖芬教授帶團隊進行義築；求教於當地文史工作者，挖掘岡林豐沛的人文歷史（如岡林教會過去將近一百五十年發生的故事）；延攬生態導覽人才，規劃留宿岡林消費的可能性（留宿後可以欣賞著名的二寮日出，它極有可能是全世界能夠看到高山日出雲海的最低海拔景點）；透過農業論壇，尋求農改場的專家，協助岡林改善農作情況，並舉辦農村體驗營等，讓年輕人透過對社區的認識來設計包裝、行銷人蔘果等農產品，進而開展出事業經營的可能性。

所有活動設計的重點，都是要讓當地人和外來者看到岡林的未來性，用社會行動力幫社區找到立基點，活出自給自足的豐餘人生。

政府以經濟效益為由，關閉岡林地區一道又一道的門。翁教授及其團隊則是捲起袖子，靠著少之又少的計畫經費，幫社區鑿開一扇又一扇的窗。

他們並且相信，岡林的經驗若能成功，團隊可以將精力再移置其他地區。凡是環境艱困的城鄉，都有可能透過不同學科的聯結，找出每個區域人文歷史和經濟價值的長處，用他們自己的力量，解決他們的問題。

翁教授說得好：「我們當學者的可以坐視社會資源分配不平均，可以看著社區一路走下坡，看著老人和小孩得不到他們需要的照顧與學習，然後只管關起門來寫那些不知道對台灣這塊土地有什麼幫助的論文嗎？」

翁教授和我不同，比我年輕的他，還有升等的壓力，但卻願意將寶貴的時間花用在偏鄉建設上。我們的國家只知道用期刊論文的數量來評鑑教授，將龐大的教育經費投注在高等教育上。雖然產生了為數眾多的論文，看似好像提升了國家的學術研究地位，但對整個社會並未產生實質的好處。而像翁教授這種真正願意從事社會改造運動的學者，完全得不到教職上的保障與國家的喝采（至少截至今天為止，他還是一位專案教師）。

政府對高等教育的期待，完全是本末倒置的鬧劇。

「績效」不該是教育的唯一考量

從受教端來看，**我始終認為一個人最重要的求學階段是國小**。有了好的知識基礎與學習態度，才能造就好的國中生、高中生、大學生和碩、博士生。好的研究要靠好的博士生支撐起來，絕不是教授一個人的功勞。

但我們國家根本搞錯方向，在分配教育預算時，讓基礎教育分到的餅最小塊。不只小學教師的行政工作最繁重、工時最長、薪資最少，連地方政府經費拮据時，學生少的小學就會被廢校。

前不久不是還有這樣的新聞嗎？日本JR北海道線舊白瀧站一直等到最後一位在那裡搭車的學生畢業了，才將車站廢掉。「為一個人留一個車站太不符合經濟效益」的這種話，他們是絕對說不出口的。

但岡林國小廢校時，還有三十多位學生呢！如果岡林國小還在，只要我們與小學合作，不僅省卻牧師娘接送學生的時間，學校老師也許可以提供秩序管理等協助，一定能讓我們的程式教育推動起來容易許多。

更可笑的是，廢校之前，教育單位為了丟掉岡林國小這個燙手山芋，曾經承諾過左鎮國小的校長，政府會支付接送原岡林學區的學童到左鎮國小上課的交通費用。然

做孩子
的重要他人

而執行一段時間後，這筆經費開始左支右絀，政府甚至抱怨，其他併校的國小都沒有交通補助，左鎮國小似乎太不知足。政府的「健忘」讓左鎮國小的校長有苦說不出。

然而，政府真的沒有經費嗎？相較於都會地區，左鎮地區每年寒暑假都有各種大學生辦理的營隊（經費可向政府申請），學期間也不定期會有政府舉辦的各式活動，這些活動讓政治人物有曝光率。在政治考量下，預算自然花得出手。至於大學生的「蜻蜓點水」會如何傷害偏鄉學童的情感，辦理那些活動使用的一次性舞台背板、印刷的海報與傳單、邀請的演藝人員等等有多麼花錢，顯然不曾被算計在內。

還有三十多名學生的岡林國小根本不該廢校，應該要廢的是行政工作的繁瑣，或是把幾個偏鄉小學校的行政工作統包給一所學校，這才是提升績效的方法——既然政府凡事都要看績效。

我認為**政府的教育改革工作只要做好一件事，就會產生最高績效：讓每位老師都能安安心心教書**。老師能全心照顧孩子，孩子就能快快樂樂長大，就算不能長成對社會有重大貢獻的人，起碼可以對他自己的家庭有微小的貢獻，起碼不至於增加社會的負擔。

政府對教育的投資，應該像造橋、鋪路那樣大方才對，少開闢一條快速道路，就可以少關閉十所偏遠學校。

即便東石過溝與左鎮岡林在人口結構、經濟態勢、教育前景上，有這麼多的「同病相憐」，但我從兩邊的授課經驗得知，**每處偏鄉都有自己的困境，有心改革的人必須根據當地的狀況進行評估，他處成功的經驗，絕對無法完全複製**。

至於如何評估，我想除了花時間蹲點外，別無捷徑。

雖然我曾經天真地以為，開發好的教材、訓練教學師資，就能夠讓我「用程式設計的力量，將偏鄉變樂土」的夢想在台灣遍地開花，但實際經驗再三證明，**「人」才是最重要的條件**。

可惜「人」也是最勉強不來的條件，我只能祈禱我們的努力能讓那些暗暗蟄伏於各個行業中憂心下一代、卻又不知如何使力的朋友，看見隧道口的一點亮光，然後願意和我們站在一起，陪伴他們各自關心的偏鄉孩子們，一起向那一點亮光處走去……

三、我的青春小鳥

第一次模擬考，我登上全校榜首。但，還沒享受第一名的榮光，就被王老師狠狠修理了一番。

與阿公敦仁祥和的個性完全不同，我的父親非常專制、霸權，不論大事小事，家中所有的事都以他的意志為主。我的身體狀況改善後，個性也變得叛逆，青春期時和父親產生了不少衝突。

他常以一種「我是為你好」的邏輯為論述基礎，要求我遵守他的安排，但我心裡很清楚，那些「安排」都是父親缺乏自信的表徵。他因為阿公「不事生產」的緣故，在親族間也沒能建立自己的地位。阿公生性淡泊，不在意別人的批評；但爸爸好勝，卻沒有自信，只能用世俗的、外在的標準，來爭取親族的欽羨與認同。

除了努力賺錢外，他能在親族間說嘴自誇的另一件事，就是兒女們的成就了。所以他注意哥哥、姊姊的功課，收集他們的輝煌，照亮他自己回鄉的道路。

徘徊在好、壞學生的界線之間

小學畢業拿了第一名後，爸爸忽然發現，我已經從一個拖累家人的藥罐子，變成可以光宗耀祖的小狀元，因此企圖對我的人生指手劃腳。偏偏我不是那種順從的乖孩子，沒能甘心讓他拿來炫耀。

我讀書一直有自己的意志，別人強迫不來。父親曾一心企盼我學醫，姑不論我能否考上醫學院，就算有那樣的本事，我也高舉反對抗議的旗幟，讓他很是傷神。

不過，也因為父親企盼我在學業上有所成就，所以只要我把書念好，在其他生活細節上，他都頗為包容，供給我的零用錢也很優渥。

當時，我家住在長明街附近，那裡是高雄有名的電子街，從我第一個電子「作品」：害人觸電的整人玩具帶給我做壞事的成就感後，我小時候的零用錢幾乎都貢獻給那裡的店家。只要得空，我就買電子套件回來焊接、組裝，燒燙了手指，也不在意。

當時整條電子街上販售的商品，大概有八成我都親手操作過。後來，店家那些搭配好的套件已經無法滿足我的好奇，我開始動手拆解或改裝家中的音響和家電，弄得房間四處都是散落的工具和零件，總是把好好的東西「修理」壞了，家裡還不時跳電。

我不知道爸媽當時是如何容忍我的任性，但這種**從阿公傳承而來的自己動手做的嗜好，不只讓我的生活充滿樂趣，也成為我在專業領域中重要的能力**。

另一個相關、但較容易被貼上「不良」標籤的嗜好，是打彈珠台（pinball）。打彈子拿高分固然是成就，但我更喜歡欣賞電子機台的聲光效果，猜想它的電路設計。對我而言，它是加大版的電子套件，我還曾把店家淘汰丟棄的舊機台電路板搬回家拆解，雖然研究不出所以然來，但埋首其中總帶給我難以言喻的成就。我對機電的無窮好奇不斷被挖掘出土，只好貢獻更多心力與金錢去滿足我的欲望。

只可惜機台雖然是中性的產物，沒有道德標準的價值，但環境卻容易被貼上標籤。

當好學生都躲在學校念書時，那個年代會上彈子房的都是所謂的「不良少年」。學校的課業在他們面前築起了高牆，他們攀不上那堵牆，只好在圍牆外另謀成就。即便我的父母對我百般寬容，但我還是得瞞著家人才能去那些場所，免得他們擔心我「變壞」。

國中是我最叛逆的時候，父子間的關係長年處於低氣壓，少一分打一下的教育方式，讓同學們對考試分數斤斤計較，我的生活無趣又苦悶。

青春期是最需要同儕認同的年齡，我在彈子房認識的朋友雖然被社會貼上「壞孩子」的標籤，但他們一度是我的世界中心，我跟著他們學抽菸、吸膠（僅只一次，因為實在是太臭了）、打架，企圖用這些幼稚的行為開脫青澀少年的苦悶，在茫茫然不知目標的世界中，為自己找到歸屬。

為了不被父母叨念或限制自由，我的課業成績要保持一定的水準；為了不被彈子房的同伴摒棄，我又得想辦法不要名列前茅，分寸若是拿捏不好，我的好日子就會告終。說來好笑，我國一、國二在課業上最認真的一件事，就是努力維持那不好不壞、不上不下的成績。

對了，我還做了一件好學生絕對不會做的事：交女朋友。她是我在校外認識的女生，我們交往後就比較少一起出現在彈子房，放學後只想兩個人獨處，逛街、看電影、吃東西，設法消磨我們青春無猜的時光。

當時我並不知道，她其實已經有男朋友，而且她的男友還是另一群國中男生的首領，我只是徜徉在有人陪伴的愉悅中，以為自己已經懂得譜寫愛情的樂章。

直到有一天，我們在街上被她男友那群人圍住。那些男生將她架住，她男友還打了她幾個耳光，然後他們對我口出惡言、拳打腳踢，而我只能抱著頭，趴倒在地，對於她的哭喊求救，以及我渾身的疼痛苦楚，完全無能為力。

在死亡面前，愛情脆弱得像泡影。

我之前不是沒有打過架，也見識過群架中棍棒齊飛的恐怖景象，但那次被圍毆讓我覺得生命如此不堪一擊。之前不論生了什麼樣的重病，我都不曾認為自己離死亡那麼近，但那次我幾乎認為快要被他們打死了……然而，細想這之間哪有什麼深仇大恨呢？不過是幾個小屁孩荷爾蒙太氾濫而已。

我幾乎在那個當下就頓悟了，我再也不要過那種沒有意義的人生。

對於身上的傷，我對家人搪塞了個爛理由，他們並未追問。事後那女生轉學了，從此沒了音訊。我曾經消沉過一段時間，沒有女友，也不想再玩樂，成績勉強維持著，人生乏味極了。

為音響而苦讀

屋漏偏逢連夜雨，哥哥離家念大學時留給我的那套音響在那時報銷了。平常我念書時喜歡聽唱片，震天的樂音就像真空罩一樣，可以把自己無以名狀的煩惱都隔絕在外，它是我重要的保護工具。音響壞了，我拆解後不懂如何組裝修理，整個人懊惱到連書都讀不下去。

那時爸爸隨口說了句，只要我能考全班第一名，他就送一組音響給我，我當然不客氣地在心中決定要挑長明街上最貴的一組音響。

有了這個動力，我在國二下學期開始認真補習（之前去補習多半為了看女生，或是為了到補習班打桌球），升國三的暑假，還買了一大疊參考書拚命練習。除了吃飯、上廁所，整個暑假，我都把自己關在頂樓的房間苦練習作，到後來，甚至看到題目就知道答案。

國三開學後第一次模擬考，那次的範圍是一年級所有課程內容，我不只考了全班第一名，甚至登上全校榜首。

那時校方為了模擬聯考放榜的感覺，特地在教務處前張貼了一大張榜單，公布全校國三生的模擬考成績排名。當許多人擠在榜單前查看、比較成績時，有位同學用手指著榜單上我的名字大放厥詞，大意是成績一向平平的我能榮登榜首，一定是因為考試作弊，或偷看別人的答案。

當下我腦門充血，怒氣掩蓋了理智，受辱的感覺控制著我的手，讓我狠狠教訓了那位同學，完全不顧當時就站在教務處前。結果，我被拉進訓導處，直到導師來領我回去。

王老師的「體罰」之恩

當時的導師是王錦標老師，他大學時是師大橄欖球校隊的成員，任教後還維持著魁梧壯碩的身材。那個時候不流行愛的教育，「適當的」體罰是國中的常態。在升學班中，考試成績差一分打一下的情況也不算罕見。

凶悍的王老師待我們極為嚴格，他大概一、兩個星期就會打斷一支藤條，得花班費買新的教鞭。

結果，我還沒享受到第一名的榮光，就被王老師狠狠修理了一番。

他把我從訓導處領回後，也沒盤問我出手打人的細節，就要我趴在講桌上，當著全班的面，抽打我的屁股和大腿。打得藤條都起了毛邊，抽得我傷痕斑斑，但我就是不開口討饒。

當時我是很恨老師的。長大後，明白了人生的道理，才知道王老師那樣狠心地打我，其實是為了救我。

一方面被我打的同學家中有些背景；二來，按校規在學校打架得記過。那時操行成績還算重要，他得避免記過對我產生的負面影響。所以，老師算是「打自己的小孩給別人看」，他先下了狠手，其他人自然不好再對處罰我的事多所置喙。我記得後來我連一支小過都沒被記上，這都要感謝王老師的維護和周全。

幾十年過去，王老師過世了，現在同班同學用Line聊天時，只要談起老師當年的狠勁，還是都充滿懷念，也都非常感念老師當年的教誨。

雖然在全班面前丟盡了面子，但那件事對我卻有正面的影響。

本來我考第一名只是為了爸爸提供的誘因——一套全新的音響，但為了讓懷疑我的同學對我的實力心服口服，知道我不是靠作弊取得佳績，我比暑假時更用功讀書，第二次考試時，甚至把桌椅搬到教室最後面，自己一個人坐，用成績來粉碎作弊的謠言。

之後，國三的十一次模擬考，我時常抱得榜首，也因此順利考上第一志願：高雄中學。

游刃有餘的高中生涯

國三苦讀的經驗讓我領悟到，在當時聯考那種「一試定終身」的制度下，只要前兩年略有基礎，第三年再全力以赴，就可以考上心儀的學校。因為聯考考高分的祕訣，是要對題目夠熟練，熟悉到看到題目就可以反射出答案，這只能待高三時集中火力去拚搏，前兩年不必在課業上太花心思。

我貫徹這樣的心得，高一和高二玩得開懷。那也是我一生中精氣神最飽滿的時候，身體狀況完全配合得上青春的腳步，我瘋打籃球，每天都打到夜黑看不到籃框才肯回家，洗過澡回房間就把音樂開得震天響。如果父母對我的生活有怨言，下次考試，我就故意考爛一點，用這種幼稚的手法來爭取自由。

就像小學的孫老師和中學的王老師一樣，幸運的我，在高中時也遇到了讓我心服口服的老師，那是和我至今都還保持聯絡的數學老師曾慶男。

曾老師是清大數學研究所的高材生。據說他的學業成績一直維持在平均九十五分上下，甚至經常考九十九分。差一分不是因為他有什麼不足，只是學校不容許教授們為研究生的成績打滿分。

因為曾老師的教導，我開始真正喜歡數學這個科目。雖然當時有聯考的壓力，但曾老師不太訓練我們的解題能力，反倒強調定理證明、公式推導，以及公式背後的哲學意義。上課時，常常為了詳細證明定理，老師一寫，就是一、兩面黑板。

他出的考題中，大概只有一半是應付聯考的題目，另外一半，則需要我們動腦思索。我後來到美國念書被迫得到數學系修課時，之所以能比其他工程背景的同學，更能夠接受數學系的教課方式，我相信就是因為曾老師的影響。

曾老師退休後移民澳洲，但仍與我不時保持聯絡。他聽說我在東石從事程式教學計畫後，非常肯定我的付出，還說有機會回台灣時，願意學習程式、擔任志工。

大家都說學生的成就是老師最欣慰的事，但我現在的工作還能受到三十多年前高中老師的認同，於我何嘗不是「無愧吾師」的喜悅。

進入古典樂世界

因為喜歡音樂、喜歡動手修音響，我和高中最好的同學陳永辰相約，要一起考上清大動力機械系。

為什麼立志的目標不是台大呢？因為「清大和交大才是台灣最好的學校」，這是清大畢業的曾老師灌輸我們的觀念，我們因為崇拜他，對他的推薦自然照單全收。

可惜我在大學聯考時，物理科有一大題的答案錯填了格子，與清大失之交臂，只落到交大控制系。還好清、交兩校本是鄰居，考上清大動機系的陳永辰在外賃居，他的租屋與我在交大的宿舍很靠近，我們仍不時相約見面。透過陳永辰的介紹，我又認識了後來台灣重要的藝文工作者楊忠衡。

楊兄雖然就讀核子工程系，但古典樂才是他的最愛。他甚至不顧大學學業，在清、交邊界處開了「黃自樂坊」唱片行，用音樂撐起青春的夢想。近朱者赤，在他們的薰陶下，原本只聽搖滾樂的我，開始轉移目標，在古典樂中聽出興味。

直至今日，那橫跨數百年的各式音樂經典，仍是我心靈能量的最佳補充劑。在人生如潮的起落中，古典樂不僅撫慰我的困頓，也一路伴隨我的憂喜，甚至成為學術研究上獨特的領域，以及夜半獨處時重要的信仰，這一切都要感謝陳永辰和楊忠衡當年的引領。

楊忠衡曾經說過，陳永辰有一支常人沒有的天線，可以洞察天機。在我還跌跌撞撞的懵懂年代，陳永辰用他天才型的早慧，開啟我的視野。他雖投身理工，但文史哲藝，無所不知，信手拈來就是尼采或梵谷。他不僅是個樂迷，自己還會填詞譜曲。從高中時，我就是他的頭號粉絲，我也一直相信，他會是我人生旅途上重要的夥伴。

可惜的是，他在德國拿到博士學位，赴上海教書後不久，就發現自己罹癌，抗癌過程起起伏伏，但永辰一路都樂觀面對。只是這回，他的天線沒能偵測到天意，在病情看似好轉之際，突然撒手人寰。

我從出生就拖著病體，殘喘過了半百。永辰強健一生，卻在英年時因為莫名的癌症而殞命，命運弄人的荒謬，就像尼采曾經說過的：「在此野蠻昏沉的宇宙中，盲動的『偶然性』像屋頂掉下的一塊瓦，往往將人生美好的願望和意圖統統砸碎。」人生如此無常，生命和死亡都依著自己的意志邁步前行，誰也無法解釋其中的緣由。

每每思及與永辰的天人永隔，我都不免揣想老天對我應該是有些什麼安排，才會讓出生時被預測活不了多久的我，一年一年都可以對著生日蛋糕上的蠟燭許願。而我對天才永辰的諸多遺憾，只能化為奮鬥的力量，設法連同他的份，一起活出人生的意義。

C、群眾募資

我萬萬沒有想到，因為生產Lulu's Hand，我一頭闖進台灣傳統產業讓人不堪的現況裡。

無論我們有多麼純然的理想，想要為台灣的偏鄉貢獻所長，現實的問題仍舊需要率先解決。

在東石程式教育計畫啟動前，我計算了一下需要的費用，由於我和學生都是無給職，真正需要的只有交通費、餐費，以及一些維修硬體的費用（筆記型電腦是募來的），我估計一個暑假的教學所需金額大約是四萬五千元。

我不願意申請任何體制內的經費補助，因為政府的補助需要處理許多文書作業，我看過（包括我在內的）太多教授的研究計畫為了管理核銷的問題，得要多聘用一位行政助理來處理，這不是創造就業機會，而是浪費國家人事成本。繕寫科技部的科研計畫時，我或許有不得不如此的苦衷，但面對公益工作，我再也不想陷入那樣荒謬的窠臼。

向群眾募捐是另外一條可行的道路，不過我認為，長期倚靠捐款會削弱一個公益計畫的意志，捐款多寡往往與當年度的社會經濟狀況呈正相關，不僅每年都要擔心下一年度的經費來源，讓工作人員沒有安全感，而且公益團體之間容易彼此排擠，給我的捐款多了，就會有別的團體的捐款少了，那塊餅怎麼分都會讓我不安，因此我也不希望捐款是Program the World未來的主要經費來源。

因此，**也許開頭的前幾年，需要來自社會大眾的捐輸，但是長久下來，我認為一個以程式設計為主軸的團體，應該有更好的辦法，籌得推展偏鄉程式教育的經費。**

為偏鄉程式教育籌經費

但是暑假在即，偏鄉程式教育已經箭在弦上了，傳統的捐款途徑已經來不及了，我需要一種快速獲致經費的方法，讓射出的弓箭不會後繼無力。

於是我把腦筋動到了群眾募資上。雖然我和夥伴們都沒有這類經驗，但我們的想法非常樂觀。如果這次募資成功，我們就學到寶貴的經驗，也許日後我們的學生創作的作品，都可以放上募資平台來創業。萬一這次的募資失敗，相關費用頂多就是我自掏腰包而已，不會有太大的損失。

因為缺錢，第一次的募資計畫，我們只能用手機拍攝簡單的影片，加上我整理的文案，就丟上 FlyingV 平台去。

我們的目標是車馬費四萬五千元，及一些二手筆記型電腦。當初以為憑著如此簡單的提案內容，我們頂多只能募到電腦，願意捐出現金的人應該不多，沒想到我們上架第一天就達標。募資案結束時，共募了十四萬五千元及二十多部舊電腦。群眾的愛心支持讓我們的程式教學可以順利在暑假期間展開。

事後，我和學生進行內部檢討。我們發現在台灣最大的募資平台 FlyingV 上，社會公益、文化藝術、政治理念等議題的提案很多，設計類或科技類產品的提案，不論是項目、金額或達標率都不高，這樣的結構和國外的募資平台很不相同。

同時，在我自己的定義中，一個成功的募資案，其支持者不能有超過三分之一來自3F，親人（families）、朋友（friends）與粉絲（fans）。不過，當時來自同事和其他親朋好友的贊助加起來，甚至遠遠超過一半，這樣的募資資金組成分子說明了這一次的偏鄉程式教學募資案，並未廣泛受到群眾的注意或肯定，所以雖然達標，我卻無法像學生們那樣開心。

以Lulu's Hand做示範

後來會開始進行Lulu's Hand的募資案，大抵有幾個原因。

東石的程式教育順利地進行著。看到孩子們可能會有的不一樣的未來，我知道自己一定要支撐下去，絕不能讓任何外在力量中斷孩子的希望，因此如何獲得穩定且自足的經費，是我必須認真思考的議題。

再者，台灣這一波群眾募資的風潮是從美國來的。美國最出名的Kickstarter網站當初設立的用意，就是要讓缺少資金，卻不乏實力的人在這個平台上募到創業的本金。

我認為這就是美國一直領先世界的原因。他們總是想辦法讓年輕又有才華的人可以出頭天，用眾人的力量，成就少數人的才能，希望少數人的成功，可以進一步回饋給更多有需要的社群。

我因而想到，我自己在成大培養的孩子，難道不能靠著自己的創意和理念說服群眾投資，然後闖出一番事業嗎？

我把這個想法告訴學生時，他們的第一個反應是：「可是我們沒做過耶！老師可以先示範一次嗎？」好吧，那就由我這個已經不年輕的老師來示範吧。

為了避免日後學生再給我「不公平」、「起跑點不一致」等藉口，我故意避開運用我的科技類或是音響類專長來開發產品，畢竟，我在這些領域還算是知名，年輕人不會有這麼多的資歷。

最後，我選擇我不熟悉的設計類產品，而且在咖啡領域，我也是沒沒無聞的，那個示範作品就是Lulu's Hand手沖咖啡沖泡器。

在咖啡這種飲品已經束縛住太多靈魂的今天，市面上可以選購的沖泡器可說不勝枚舉。然而，我討厭咖啡濾紙的味道，更別說它不夠環保，金屬濾網也無法讓我隨心所欲控制咖啡粉的粗細及萃取時間，而且網孔極易堵塞，各種設備都有各自的缺點，因此我總在抱怨手邊沒有好用的沖泡器。

既然我喜歡自己動手做，就想著趁這個機會，設計出好的沖泡器，既可以解決自己多年的困擾，又可以為學生做群眾募資的示範，更重要的是，Lulu's Hand **販售後盈餘的百分之二十，將捐為 Program the World 的基金**。

從 Lulu's Hand 開始，團隊若能陸續做出好作品，日後東石的孩子們也可以循此模式創業。**我們幫助了年輕人，年輕人日後就可能回饋社會**。所謂一燈能破千年暗，用一盞燈點十盞燈的做法，以一個善念，引發更多善念，我相信這個社會終會進入一種正向的循環，讓有本事的人都可以擁有發光發熱的舞台。

我把這支手工沖泡器取名 Lulu's Hand，與一段音樂史上的軼事有關。**Lulu** 是奧地利作曲家阿爾班・貝爾格（Alban Berg）劇作《露露》（Lulu）的同名女主角，而 **Berg** 這齣戲的部分靈感，取材自德國作曲家魏德金（**Frank Wedekind**）的《潘朵拉的盒子》（Pandora's Box）。

我們都知道在希臘神話中，眾神送給普羅米修斯和潘朵拉的結婚禮物是不應該被打開的，但潘朵拉抵不住自己的好奇心，硬是打開了盒子，將各種禍害散播在人間，卻將希望留在盒子裡。

從成癮性來看，咖啡的確禍害不淺。我深信 **Lulu's Hand** 開啟了咖啡潘朵拉的盒子後，能夠將每種咖啡豆的魔魅咒力傾倒出來，絕無保留。同時，所有從事創新工作的人，不都是因為有一顆好奇心亟待滿足，才能做出無與倫比的產品嗎？在這個意義下，我期許所有的研究生都有一雙 Lulu's Hand。

我萬萬沒有想到的是，因為生產 Lulu's Hand，我一頭闖進台灣傳統產業讓人不堪的現況裡。

俠氣商人廖老闆

因為不懂傳統工廠的經營模式，我拿著 Lulu's Hand 的設計圖在台南到處找工廠，卻不斷吃閉門羹。

被拒絕的主要原因，是因為我無法估出 Lulu's Hand 的產量。一般廠商在沒有相當數量的情況下，根本連幫忙打樣都不肯。一直到我輾轉認識了廖老闆，知道他有足夠的人脈，可以幫我「兜」到各個組件的製造廠商，我才轉換策略，改用熱血的方式來說服他與我合作，事情因而有了轉機。

我跟廖老闆分析台灣教育和青年就業的現況，也把為什麼要做 Lulu's Hand 的緣由告訴他。同時，Lulu's Hand 盈餘的百分之二十將投入程式教育，以及我們在東石的計畫等等情事，也一一跟他報告。

廖老闆雖然還沒有孫子，但他早已經開始為未來孫子的教育問題感到憂心，他也知道台灣許多傳統產業因為無法轉型，已經日薄西山，和我們合作也許真能改變一些讓人不滿的現況。

他事後告訴我，量產 Lulu's Hand 的投資成本估計要一、兩百萬，他說就算這個產品完全無法回收，這筆費用也是他承擔得起的損失，要不要組個團隊一起來努力，只是他「奇檬子」的問題而已。

然而，他過去與學院合作的經驗並不愉快，因為研究者只需要做出雛形，就可以寫研究成果報告書，但生產者希望可以大量生產成品。從原型到產品，中間需要不斷的修改才能做出產品來販售，可是學界通常無法一直配合設計到達產品階段，雙方的認知有相當大的差距。因此我的熱血雖然打動他幫我打樣，但廖老闆對合作一事仍舊有所保留。

為了展現我的誠意，我預付了打樣所需的費用，並且和他鉅細靡遺地討論所有的生產細節，廖老闆這才相信我的團隊不是那種畫個圖、做個樣品、寫份報告就打算交差的學者，因此願意跟我「賭一把」。

只是我萬萬沒想到，原本聽說花費不需太高的模具，卻因為團隊求好心切，一改再改，最後卻用了超過一倍的預算，同時，我完全沒有估算到後續量產的經費。而且因為我們第一次的設計有些狀況，因而提高了生產的費用，如果要正式進入量產，對阮囊羞澀的我而言，實在是難以突破的困境。

這時，廖老闆才悠悠然說出他心中早已計畫好的方案，「春e攏算我的。」他雖然「也」是個現實的商人，但是那俠氣的作風，讓我非常感佩。

誰來找回台灣傳產的明天？

因為廖老闆的信任，不只 Lulu's Hand 的生產成本有了著落，連生產團隊都一一到位，我也因為認識了這些工廠老闆，得以更進一步瞭解台灣傳統產業的危機。

從打樣、開模、沖壓到研磨等等，Lulu's Hand 的機件與包裝由六家台南地區的代工工廠合力完成。這些工廠老闆的年歲都在六旬左右，轄下的員工約有三十至五十人，這代表每一家工廠大約支撐住十幾個家庭。

他們代工的技術非常優異，像生產 Lulu's Hand 支架的工廠也代工生產台灣最大的單車攜車架品牌，而負責研磨鋼材的工廠甚至幫 Apple 代工過。然而，在長期面臨中國低價競爭的市場策略下，部分不懂社群經營，不懂網路行銷，不知道接不到代工的訂單要如何轉型的老闆手足無措。

因為他們曾經有過輝煌的年代，花了許多心力教育自己的下一代遠離「黑手」這行業，孩子們現在各有各的成就，都不願回頭繼承家業。再加上工廠坐落在台南，它不是吸引年輕人的繁華都市，這讓他們也很難找到有企圖心、有創新力的員工——只能靠老闆硬撐著，工廠的鐵門才不至於拉下。

然而夕陽已經快要掉落地平線，殘存的餘暉僅能照耀至這一代老闆們謝幕。一家工廠的關閉，代表幾十個家庭至少會少掉一半的收入，甚或收入全無。

再以一家四口人來計算，一家工廠牽繫著上百人的生計。而這類有危機的工廠在台南不知凡幾，遑論全台灣會有多少家庭、多少人口淪入經濟弱勢，從而衍生更多動搖國本的問題。

更可惜的是，這些工廠的經驗與技術，萬一那些曾經闖出 MIT 名號的各式生產基地一一消失在台灣土地上，就算我們的年輕人設計出又優質又有利基的產品，誰來幫忙製作？去找智財權保護未見周全政策的中國代工工廠嗎？

只要願意深入瞭解他們的處境，這些即將休業的工廠就不是讓人哀嘆一下但轉身即忘的新聞統計數字，而是一個個如你我一樣有血骨、有故事的奮鬥人生。

以壓克力工廠的葉老闆為例，他視員工如親人，每逢暑假總是讓員工帶孩子們出國一、兩個星期，完全不扣薪。員工要結婚，他往往會包個六位數字的現金紅包來祝福。老闆說公司早就不賺錢了，他是為員工撐著，怕失業會為他們的家計帶來衝擊。

站在第一現場，我才真正體會到台灣產業的危機，那不只是經濟和生計的問題，也是工藝斷層的問題。這些工廠都具有傲人的工藝，那是鐵錚錚的技術，也是可以感動人的藝術，政府拚命補助高科技做代工、做研發，有沒有想過掉轉頭來，看看島嶼上更珍貴的產業呢？

用一個產品改變五個世代

由於我龜毛的個性，Lulu's Hand 的研發費遠遠超過預期。

我討厭塑膠材質，也擔心它無法耐熱，因此我們犧牲了塑膠高透度的美感，改用有一百二十五度的耐熱性的原料。即便手沖咖啡的溫度只有九十二度或九十三度，但我還是擔心它遇熱會釋放毒素，因此另外做了不鏽鋼架，讓外杯不會直接接觸到熱水。

或者，再以不鏽鋼架的手柄厚度為例，我要求質感，但又怕重量造成使用者的負擔，因此不斷試做不同厚度的把手，光是打樣的費用就難以估算。

另外，為了讓閥門盡量緊閉，讓咖啡在熱水中產生悶蒸的效果，兩片鋼材的精密度需達到兩條（零點零二公釐），這個要求大大提高了產品的淘汰率，當然也就拉高了製作的成本。但是，這是一支打算要讓消費者用一輩子的咖啡沖泡器，一輩子是很長的承諾，我總覺得再多的考慮與把關都不算過分。

結果，我們克服萬難做出第一版的Lulu's Hand後，就發現因為製作過程太過倚賴手工，因此組裝完成後，瑕疵品比例實在太高，未通過品管者必須重新加工再組裝，或是淘汰棄用。這不僅拉高我們的成本，也拖慢了我們生產的速度。而且，我們是為了環保的緣由才生產這個沖泡器，但是因此而被淘汰所浪費的鋼材，根本不符合環保的精神。

再以第一版的成本來看，因為一個半月才能夠生產一千個。以一般商業慣例，至少訂價要超過四千兩百元才划算，但我們很清楚這樣的價格一定會打擊市場的消費意願，所以完成第一輪投資者的訂單後，我們面臨要不要停產的難題。畢竟美好的仗已經打過了，我完成了對學生的示範，也做出了足以改變手沖咖啡世界的優質產品。

但是，Lulu's Hand 是第一個承諾對 Program the World 捐出「百分之二十」盈餘的產品，如果我們這麼快就喊停，誰會有勇氣去做第二個、第三個「百分之二十」？

更何況與我們合作的廠商才剛被我們燃起一絲希望，好像循著群眾募資的模樣，可以生產量少、質精、毛利高的產品，擺脫被動等待代工訂單的宿命，我們怎麼能任性地澆熄自己搧起的火種，假裝體會不到那些工廠老闆們的寒冬呢？

於是，我們轉戰至美國的 Kickstarters 平台，進行第二次群眾募資，用第二筆募款修正製程與加工方法，另外開發新的模具，以降低製作成本和淘汰率，穩定供應市場。

對我來說，Lulu's Hand 若能成功，以後就可以持續塑造能夠捐贈百分之二十盈餘到偏鄉教育的產業，同時改變傳統產業與上游商家的合作模式。Lulu's Hand 的成敗已經不是我一個成功大學的教授個人榮辱的問題，它的成敗代表的是翻轉台灣現況的成敗。

如果一支 Lulu's Hand 可以牽起另一支 Lulu's Hand，這一支再牽起另外一支，所有的產品往生產端看可以影響五十歲以上的經營者、四十歲以上的作業員；往設計端看，則可以影響三十歲以上的老師、二十歲以上的學生，甚至十歲以上的偏鄉兒童，以十年為一個世代，當很多很多 Lulu's Hand 牽起手來，就可以一起改變台灣的五個世代——我知道這是近乎痴人說夢的美好理想，是我有生之年定然看不到的改變，但是成功不必在我，只要大家相信，只要一起行動，台灣怎麼可能沒有美好的明天？

經過台灣、美國兩地兩輪的群眾募資，Lulu's Hand 募得總金額雖然比預期還高，但是包含募資平台上架費、運費與周邊產品（如咖啡豆與咖啡杯）的費用，開發、申請專利到小量試生產等等的費用卻超過了募資所得。

從金額來看，我們是失敗的。若是以支持者的分布來說，兩個募資平台共約有六百位支持者，團隊成員的直接親友贊助者不及百人，遠低於三分之一——我們算是成功的。

獲二〇一六金點設計獎標章

無論如何，我們利用 Lulu's Hand 這個產品扎扎實實的做了一次群眾募資案，也確實得到許多關注與迴響，即便募款已經結束，我們也沒有編列任何行銷費用，Lulu's Hand 仍舊以口耳相傳的方式，默默在市場上繼續銷售，盈餘也定期捐入 Program the World 計畫中。

今（二〇一六）年九月，Lulu's Hand 在超過三千件競爭作品中，得到金點設計獎標章，對於半路出師的我來說，真是驚喜的消息。

接下來，我們還會和合作的夥伴工廠一起推出黑膠唱臂、迷宮等自造者產品與程式設計教學教具，希望它們都能接棒 Lulu's Hand 的成就，讓我的夢想早日實現。

Lulu's Hand 的募資經驗讓我看到前方的希望。一來，我的學生終於因為這次的鼓舞，勇敢創業去了。其次，因為 Program the World 計畫的教學，過溝的幾位學生開發出一款結合手機 APP 的桌遊（後述），我計畫輔導他們把這款開發時間超過半年的桌遊放到募資平台，不管成敗，相信它都會是偏鄉學子未來成功脫離貧困的一個起點。

對Maker的建議

因為Lulu's Hand的經驗，許多團體邀請我去聊maker這個熱門話題。政府似乎也嗅到這股熱潮，不只舉辦了許多比賽，也鼓勵學校辦理創新育成的學程，希望協助年輕人打天下。

以我自己的經驗，我有以下建議：

第一，創業需要野心，並不是所有學生都適合站上第一線。校方應該設法找到真正有創業野心、願意投入的學生，而不能只看一時的喜好。

第二，新創團隊中若有老師的參與，未來也應該以學生為主要存續經營者，因為**學校本就該以學生的（未來）成就為學校成就的首要指標**，這也是麻省理工學院與史丹佛等頂尖大學全力以赴的方向。

第三，學生新創團隊一定需要足夠的資金，因為群眾募資的經費只能當作起始點，要有足夠的後續資金，才能夠走得長遠。學校應該抱有天使投資（angel's fund）的觀念，雖然不必一定要直接投資金錢，可以在募資，智財權、財務管理方面允以協助，校方占的股分不能像真正的天使資金那麼多，但只要投資的二十個團隊中有一個成功，對學校來說，就是很重要的成就。

第四，在新創過程中，尋找供應鏈非常重要。許多募資達標卻無法交貨的案例，都是因為沒有事先建立供應鏈所致。這一點對學生團隊來說特別困難，因為供應鏈通常不願意接這類數量不定的新創委託案。學校若能結合政府的影響力，提供供應鏈稅賦或其他優惠，應該可以吸引供應鏈加入協助新創的行列。

第五，在達到可以量產之前，打樣與試量產都是不能避免的過程。學校或政府如果可以花些經費建立類似試量產中心的單位，讓團隊在產品上架前就有一個產品原型，將更有利於募資。

第六，募資成功的關鍵是社群操作，其複雜程度不下於任何一個研究，但是卻非無脈絡可循。學校需要有專業團隊輔導學生進入社群，甚至發展社群、產生論述，與人在虛擬與實體空間進行溝通，才能在這個社群掛帥的時代掌握先機。

第七，募資開始與募資成功之後，在管理、帳務、物流、行銷、客服等正規商業運轉程序上，都需要專業團隊來輔導學生，才能夠讓後續經營的道路走得更遠、更平順。

第八，募資成功後，真正的難關也隨之登場，如何打開市場通路，如何因應產品性質行銷，這些是新創團隊最需要解決的問題。學校可以與適當的專業行銷公關公司共同成立一個平台，以學校之力，幫助新創產品進行推廣，讓新創團隊在獨立前可以節省行銷的成本。

我一直相信，學校與老師的存在目的，應該在於培養出更多可以讓社會繁榮幸福的學生，而不是生產一堆沒有人閱讀的論文。傾全校之力幫助學生成功，學生一定會飲水思源，回饋母校，國外許多歷史悠久的頂尖大學就是靠著優秀校友的捐助，才能一直在學術地位上屹立不搖。

台灣的大學若建立這樣的模式，十年、二十年下來就可以累積更多的資源，支持教授們從事研究，教授有新的知識及餘裕可以協助學生創業，成功的學生又會再回饋學校，如此啟動正向的循環，才是讓台灣大學不斷向上的動力。

四、井底蛙看天下

Daubechies 教授給了我重重一擊，我甚至覺得自己永遠畢不了業了。

考上大學後，我就決定完成阿公的心願——我們蘇家總要出一位博士吧（用他的說法是「狀元」）！那個年代，只要家中經濟過得去的，幾乎都選擇出國念書，而不是留在國內就讀研究所。當兵時，我已準備好出國求學的各種申請手續，一退伍就整裝出發。

那是我第一次出國，想去的地方當然很多，但在申請學校時，我盡挑美國東岸的學校，最後落腳紐約，一方面是想投身 Athanasios Papoulis 教授的門下，他是訊號分析這一行神人級的大師；二來則是嚮往紐約有大量的管道，可以讓我親近古典音樂。

後來，我的確將閒暇時間都貢獻給紐約的各個演藝廳。同時，我也發現美國是賞玩二手音響的天堂，只要有空，我就去逛各地的拍賣會，為我的音響找零件，和同好們交換心得。

博士論文的波折

不過，我把話說得輕鬆，其實真實生活中並沒有太多閒暇時光。研究所課業沉重，我的指導教授 Prof. Kim 對我十分嚴格。記得有次被他質問為什麼某天沒有出現在研究室內，我回答他，那天是假日，他立刻反問我：「我付你獎學金，不是讓你休假的！」

Kim 教授和我有革命情感，我曾是他門下唯一的研究生，因此兩人有很好的合作默契。他對我最重大的影響，是讓我在研究上找出活路。例如，他當時認為我數學不好，要我到數學系去修課。我本來很是不服氣，畢竟我在台灣念書時，數學是我最強的科目。

但 Kim 教授說，我那不是數學好，只是算術能力好而已。他提供獎學金，讓我去修數學系的課，一修兩年，幾乎可以另外拿一個數學系的碩士學位。

也因為我把數學扎實地讀過了幾遍，做起電機領域的研究就容易多了。我很幸運在博士班二年級時，就找到一個很好的研究題目。當時小波轉換是熱門的研究範疇，大家都在找小波基底（mother wavelet）的振盪波形。我在翻閱文獻時找到一組特別的函數，但過去從來沒有人證明過，所以我利用數學推導，發現它正是一組 wavelet 的基底。

Kim 教授和我一樣興奮，我不只立刻整理出論文，投稿到學術期刊，而且還打算將它當成我的博士畢業論文。

沒想到論文剛寄出不久，我就讀到 Ingrid Daubechies 教授在另一本剛出版的期刊上發表的論文，她跟我驗證的是同樣的函數，而且論文寫得比我還要完整。其實，我在寫自己的論文時，Daubechies 教授還未發表她的論文，所以我不涉嫌抄襲，而且我其實也可以賭上一把，只要我投稿的期刊找來的審稿委員還沒有看過

Daubechies 教授的論文，我的那一篇研究還是可能會被該期刊接受。

只是知道有更好的論文已經出版，我心裡雖然有千百個不甘願，我的指導教授還是要我把那篇論文給撤了回來。

Daubechies 教授給了我重重的一擊，我雖然對這一擊心服口服，但挫折感像烏雲盤旋在我周遭多日，我連到研究室都提不起勁，一時鑽牛角尖，甚至覺得自己永遠畢不了業了。

幫我撥開蔽日烏雲的人是 Kim 教授，他說我做的研究居然和紐約大學的教授、未來可能成為美國國家科學院院士的大師一樣，只是時間上晚了一點，這表示我其實有能力做第一流的研究。我怎麼不放煙火慶祝，反而黯然神傷？

從研究者的生命長河來看，畢業論文只是一個關卡，我應該著眼在自己的能力，而不是小鼻子、小眼睛去想自己能不能畢業的事。

Kim 教授的一席話，讓我找回做研究的信心和感覺，我也比較能夠平心靜氣地反省，知道之前能夠做出小波轉換的研究，多半是靠運氣，我自己的學識和能力並未達到博士生該有的地步，因此沉潛了兩年，努力學習。

後來交出的博士論文，我選擇一個有實用價值的影像解析度研究，它和小波轉換的耀眼程度相比，就像「月亮」和「小熊星座中的一顆星」間那樣大的差距，但是我已經有信心為自己的研究辯護，不再需要外人鼓掌叫好。

NYU-Poly的頂級研究者

除了Kim教授和Athanasios Papoulis教授外，我在紐約大學理工學院（NYU-Poly，前身為Polytechnic Univ）還遇到好多神人級的教授，許多聖經級教科書的作者都在這所學校裡，像是《電子學》（Micro-Electronics）的Jacob Millman教授、他的大弟子Leonard Strauss及泛函分析大師George Bachman。

在NYU-Poly求學，我受到這些頂級研究學者極大的影響。就像量子先生理查．費曼所言：「如果不能用簡單的語言把複雜的觀念表述清楚，就表示你其實還沒能掌握那複雜的觀念。」我在NYU-Poly遇到的許多老師就是有這種能力，運用非常簡單的方式來解釋異常複雜的原理。Leonard Strauss如同獨孤求敗一樣，以幾個基本觀念與招式，就可以解決大多數的電子電路問題。

George Bachman在證明柴比雪夫不等式時，只用了三行算式。（更正確來說是

文字魔術師

只用了一行半，第一行是題目，第三行後半是「故得證」。論證過程只用了一行半而已！）坐在台下的我驚豔、佩服、讚嘆到下巴都快掉下來了。

在一流學府求學的好處就是這樣，會遇到許多讓人大開眼界、望塵莫及的天才。回想在台灣時追求的一個班級、一間學校裡的第一名，真是井底之蛙。比起世界各地那些揮灑自如的天才，在台灣的小團體中汲汲營營取得的第一名，有什麼意義？那樣的第一名，有什麼值得驕傲的？

優秀學者教會我的事

出國求學，讓我離開自己的水井，看到另一片完全不同的天空。大多數像我這樣一路考試往上爬的台灣學生，到了美國還在兢兢業業計算「正確」答案，但美國教授卻要求學生理解所有定理背後運作的邏輯，先用估算的方式找出大概的範圍，然後將答案兜起來，再進行調整。

簡單來說，答案是什麼根本不重要，只要有高中數學程度，加上簡單的電子學模型，幾乎可以解決基礎電子學上的所有問題。

我自認受到台灣教育要求正確答案的荼毒過久，無法立刻接受美國式的教學理念。然而同樣來自台灣，我在NYU-Poly的學長張正華卻完全不受過去背景的桎梏。他泅泳在美式教育中，游刃有餘。

我記得有次高等電子學舉行課堂上的紙筆測驗，我花了很多時間努力估算，努力地追求正確答案，結果考了九十二分；但學長半個小時就交卷，卻考了一百分。然而，我們兩人的答案與正解間皆有誤差，為什麼他就能夠拿滿分？我不服氣地質問Strauss教授。

教授告訴我，我雖然想要「估算」，但其實還是費心在「計算」，所以才會花去那麼多時間。正華學長則真正發揮教授的精神，他根本就脫離了「計算答案」的思維，和我已經屬於不同境界了。

我這位一身傲氣的學長在出國前就曾在一份頂尖的國際期刊上發表過論文，他帶著追隨大師的心態就讀NYU-Poly，自然跟我這種只想拿學分、拿高分的學生有不同的高度。這大概也是他能夠擺脫台灣考試養就的解題習慣，只追求微言大義的主要原因吧！

因為有這樣的比較，出國求學後，我變得更謙卑。自己當了老師以後，即便我還未臻通達之境，但我總希望把我在那些「神人」級教授和同學們身上學習到的哲理，傳授給我的學生。

他們用極簡單的方式證明複雜定理時，用武俠小說的說法，我有種筋脈被「打通了」的感覺，但如今教書二十年，我卻還不曾在任何學生的面容上看到那種「通了」的表情。

另一件**我想教導學生的事是，並不是所有事都有標準答案或準則可以追尋，世上也鮮少有什麼事是只有一種解答或做法的**。

然而，這樣的觀念與台灣教育追求標準答案的方針不符，我自己也是花了好多時間才領悟，自然很難在陪伴學生的短短幾年內，改變他們過去十幾年求學養就的習慣。這一點，我始終覺得遺憾。

投身音樂與音響研究工作

我在紐約取得博士學位後，Kim 教授推薦我到 IBM 的 Watson Center 工作。這份工作可以幫我辦綠卡，而且工作地點就在紐約上州，我可以繼續過我心儀的紐約生活。

然而，我是因為需要獎學金才不得不從事影像處理數位電路設計的研究，它不是會讓我燃燒出熱情的學術範疇，去 IBM 得繼續在影像領域中努力，這讓我有些猶豫。

剛好那時台灣工業研究院的趙子宏博士來紐約訪問，他告訴我，史丹佛大學的電腦音樂與音響研究中心（Center for Computer Research in Music and Acoustics, CCRMA）正在徵募有電機專長的博士後研究員，因為工研院和該中心有合作計畫。我若對那份工作有興趣，他可以推薦我至加州赴任，薪資則由工研院支付。

從任何世俗的角度來衡量，我都不該前往 Palo Alto。史丹佛的工作是一年一聘，無法申請綠卡。對於想要長期留在美國的我來說，能不能取得美國公民身分至關重要。

另外，工研院提供的薪資足足比 IBM 少了一半，Palo Alto 的生活水平卻比紐約還要高，我若接受史丹佛的工作，生活上勢必無法像在 IBM 工作那麼優渥。更重要的是，我若婉拒 IBM 的工作，等於拂逆了指導教授的美意，對我這種尊師重道的學生，這個關卡最難跨過去！

只是這些實質利益或道德考量再怎麼多，都無法平衡天平另一端的砝碼：音樂與音響研究。我從國中時期就投身的嗜好，居然可以晉升為學術研究的領域，這對我根本就是千金不換的交易。我在極短的時間內就決定了去處，並在Kim教授諸多不解（但仍舊給予祝福）中收拾行囊，告別紐約的晚冬，奔赴加州陽光海岸。

自由、開放的風氣

史丹佛大學的電腦音樂與音響研究中心位在學校最優美，可能也是最古老的The Knoll大樓裡。中心的硬體設計十分友善，隨處都是可以安靜討論的角落：有白板、立桌和沙發，就會有一群人窩在一起天馬行空地討論、分享想法。咖啡壺裡總是有滿滿的熱咖啡，只要想到什麼主意，隨便抓幾個人就可以聚眾討論，就算沒談論出什麼結果，也不會有人認為那是浪費時間。

整個研究中心提供的環境如此自由，我們這些研究員自然能很放心地將所有未成熟的想法丟出來和別人討論。透過腦力激盪，把粗淺的創意揉捏得更成熟後，交給智慧財產中心分析。

智財人員若能利用那樣的想法申請專利、募得資金，就幫中心賺到經費；如果無法變成產品，就將創意改寫成論文發表。總之，憑藉「這種想法好有趣，我們來試試看」的態度，以及大家對音樂的共同喜好，我們在全無壓力的自由環境下盡情揮灑，充分享受從事研究工作的樂趣。單單那一年，我就參與開發了兩項研究，成就感十足。

目睹大師們的風範

Julius Smith 是我在史丹佛時的老闆，他是我見過最有氣度的學術人才之一。儘管背負著電腦音樂與音響研究中心龐大的經費壓力，他出現在研究中心時，總是笑臉盈盈。他樂於和任何人討論想法，除了不吝力讚我們提出的任何想法，還會謙虛地指正出更成熟可行的方向。身為這個領域的世界級大師，他到現在仍舊治學嚴謹，長期都在書寫開放的資料，供大家參考，毫不藏私。

一直到今天，我如果在研究上遇到瓶頸，還是習慣到他那邊去找答案。先要有餘，才能分享；後要有容，才能樂於分享。我期許自己有一天也能有那樣的高度。

另外，號稱電腦音樂之父的 Max Matthew 以及創造 FM 合成法的 John Chowning（這個專利後來賣給 YAMAHA，為史丹佛大學和 Chowning 本人賺進大筆權利金），他們都是電腦音樂與音響領域的泰山北斗，但在 CCRMA 中，我們卻像平起平坐的友朋，他們總是耐心聆聽我的天馬行空，陪著我落實研究中每個小小的進展。

有趣的是，相較於他們在電腦方面的驚人成就，這些天才們更希望他們的音樂作品被肯定。像 John Chowning 就常說：「我是音樂家、作曲家，不是工程師。」老頑童 Max Matthew 演奏小提琴的造詣更是讓我咋舌。

在史丹佛做博士後研究最大的收穫，就是目睹這些大師們的風範，這讓我更確認自己未來的方向。想到這世上有多少人能夠幸運地將「嗜好」與「營生」結合在一起，就覺得自己實在是幸運無比。音樂和音響至此成為我用生命鑽研的課題，它們是我學術生命的重心，也是我個人生命的倚靠。

學而忘憂的精神

整體而言，到美國求學最大的啟迪，就是知道如何做一名好學者。我遇到的教授幾乎都有學而忘憂的精神，做研究是他們生活的重心，也是他們熱愛的生命選項。因此不需要任何外在的規範，光是他們對自己的要求，就會督促他們不斷做出出類拔萃的研究。

因為自覺做的事是有趣的，因此他們貢獻的成果、展現的丰姿、內在的氣度等，都能贏得後輩崇高的敬重，成為真正的大師。然而，我也不免認為，這批人如果換到台灣的大學來教書，接受我們對教授的各種規範與要求，他們對研究的熱情恐怕很快就會被澆熄。

我們的高等教育，一直把學有「專」精的教授，當作「通」才來用。教授要教書接受學生的評價，又得申請各種研究，拚論文數量，還要不時擔任學生的心理諮詢師、生涯規劃師、職業介紹師，同時完成各種校院系所的、政府部會的、民間企業的任務，還要應付來自五年五百億與頂尖大學計畫無窮無盡的KPI騷擾。但讓我們捫心自問吧，哪個教授真的如此全能？至少我自己是完全不懂如何安慰失戀的學生，而且最討厭召開各種行政會議。

教書愈久，我愈懂得美國之所以是科技強國的原因。**「讓每個人專心做好他最擅長的事」，這是一個管理學上再簡單不過的道理，可惜我們的教育主管機關卻始**

終都學不會。

返航的遊子

我本打算在史丹佛工作兩年，但合約尚未到期時，媽媽突發心臟病，原本家人還瞞著不讓我知道，多虧大學同學寫信告訴我。

當時阿公也罹癌，由爸爸照顧，哥哥、姊姊又都有自己的家庭要分心，算起來，媽媽由我來照顧最為合適。

然而，即便沒有這些人力分配的考慮，我還是立刻就決定放棄美國的生活，回家陪伴親愛的母親一起面對疾病。

如果照顧、教養一個孩子的精力和心神可以被量化，媽媽養我、育我付出的心力，恐怕比別的孩子多上好幾倍。那麼多枕榻邊的呵護關愛，那麼多高飛時的祝福期許，罹病時的焦心、叛逆期的掛慮，我是媽媽歷經各種壓力才拉拔長大的孩子，絕對無法放著她的苦痛不理會，在美國逍遙過日子。

況且，以我和媽媽的感情，我也相信由我陪著她，會讓她的病情好轉得更快。

因此，我在非常短的時間內完成離職前的交接工作，也不知道台灣有沒有工作機會，就告別我待了六年的國度，在細雨紛飛的暮春時節回到台灣。

在楊萌智老師身上，我認識到「老師是孩子們遲來的父母親」。

D、夥伴

在我很喜歡的卡通《獵人》中，小傑爬上世界樹，找到他老爸金，兩人望著遠方的夕陽，有一段關於「追求」的哲學性對話。

金跟小傑說：「真正重要的東西在追求的目標物到手之前，已經得到了。」「追求的過程中，一定有比你追求的更重要的東西。」

金所謂「更重要的東西」，就是夥伴。這也是我在進行 Program the World 計畫時最重要的認知：如果沒有一群好夥伴，Program the World 絕對難有迄今的進展。

路得關懷協會的靈魂人物

我在東石教授電腦程式一段時間後發現，能夠定下心來學習的孩子，通常來自功能健在、父母雙全的家庭。家庭能夠提供穩定的力量，讓孩子安心學習。年齡愈小的孩子，愈需要在學習時無後顧之憂，這一點早就獲得社會與教育專家研究證實。

雖然偏鄉的孩子有比較高的比例缺少健全的家庭，作為成長與學習時的後盾，但對嘉義東石卻有一個可喜的消息，那就是過溝的路得關懷協會部分填補了家庭的功能，他們讓孩子們在週間放學後或假日期間，有個提供溫飽的去處（部分無法住在家中的孩子，也可以寄宿在教會裡），而且教會的輔導老師還會盯著孩子的課業與出勤狀況，讓他們不至於走上輟學的歧路。

路得關懷協會也提供了我們同樣的溫暖。一開始，我們這一群外來者之所以能有發揮的空間，孩子們之所以願意犧牲假日來上課，全都是因為教會和孩子們的關係融洽，孩子（以及家長）信任教會的推薦，而教會的老師又能夠在一定程度上克制孩子們的玩心和惰性，我們的課程才得以一步步往前推進。

楊萌智老師，過溝路得關懷協會的靈魂人物。她與先生和嘉義一點地緣關係都沒有，只是投身商業經營多年後，人過半百的她，感悟到追逐金錢是一場沒有終止的賽局，她想要在人生的下半場做更有意義的事，因此祈求上帝的指引，要到一處沒有教會的地方傳播上帝的愛，這才因緣際會來到東石。

楊老師總是謙遜地說，自己很幸運能夠生活無虞，所以才有餘裕幫助偏鄉的孩子。可是我心裡很清楚，要離開自己的舒適圈，踏入全新的領域，需要多大的勇氣。

她剛到東石時，人生地不熟，想要免費教孩子讀書的善心，極易被曲解成有詐騙的企圖。在一個篤信台灣民間信仰的社區裡，她親愛的上帝很難動搖家長的認知。但她意志堅定，先是集資買了房子，當作教會的聚點，做好長期抗戰的準備，後又從附近的中、小學老師下手，讓老師們替她去說服家長，闡明課輔與宗教無關，這才慢慢有學生投入教會的羽翼。

自己的家庭在台北，但楊老師每週至少有五天待在過溝，和孩子們一起吃飯、一起生活，儼然是孩子們沒有血緣關係的親人。

老師是孩子們遲來的父母親

教會中，孩子的年齡從幼稚園大班到高中不等，老師們要同時照看七十幾位來來去去的孩子。**可敬的是，教會不問孩子們信不信教，只要願意，誰都可以到教會來吃飯、念書。**

楊老師還不時將自己在台北的人脈拉到嘉義來，知名的音樂家、美術老師、從美國來的外語老師等，都曾南下指導教會的學生。

儘管有些孩子的家庭背景讓人鼻酸，但**只要他們不放棄，教會也不會放棄，在雙方的努力下，孩子們還是有機會在顛簸的人生境遇中走出自己的坦途**。在楊老師身上，我認識到「老師是孩子們遲來的父母親」。

因為 Program the World 兒童與少年程式設計教學計畫在東石建立的名聲，漸漸吸引附近教會的孩子們來參加課程。除了東石外，孩子們也來自布袋、義竹，甚至新營，使得這個窄小、簡陋的教會要照顧的孩子愈來愈多。

如果沒有楊老師十年前就來東石鋪路，如果沒有路得關懷協會的在地深耕，我們不可能把課程推展得如此順利。

在楊老師的帶領下，過溝的路得關懷協會曾經獲頒教育部的社教公益獎。然而我認為，**獎項只是錦上添花的光環，他們奉獻給過溝孩子的一切，早就炫目耀眼**，讓其他團體難望項背。

還記得有一年聖誕節，楊老師和我各自許了心願。她希望有一天能夠在過溝蓋一間華麗的教堂，在教堂內崇敬上帝，讓孩子們在教堂內學習一生需要的智慧。我則希望可以在過溝蓋一間像是皮克斯的企業總部，孩子們可以把企業設在家鄉，既提供當地年輕人工作機會，同時把教育下一代偏鄉孩子的工作從我手中接棒過去。

等到那一天，過溝就會成為有美麗教堂與美麗企業總部的美麗家園。

東石的開路先鋒

Program the World 兒童與少年程式設計教學在東石的成果，是我的研究生們從一開始陪著我篳路藍縷闖出來的。

關於讀書這件事，彥柏開竅得很晚。他國中畢業拿了全班倒數第二名，高中就讀的已經是最容易畢業的私立高職，居然也可以念六年才拿到畢業證書。

當兵期間，他卻發覺自己什麼都不會，他帶著這樣的憂心退伍後，終於瞭解學歷在社會闖蕩的重要性，加上哥哥的支持與鼓勵，他才以二十三歲的「高齡」，考上明新科技大學資訊系夜間部就讀。

說也奇怪，好似有什麼神奇的力量幫他把「讀書」的開關打開了。他一路力爭上游，大二時，通過轉學考，進入東海大學資訊系日間部，畢業後，應屆又考上成大資工研究所，成了我最得意的弟子之一。

也許是一種執著的傻勁，他在註冊截止前最後一天才真正成為成大資工所的一員。在那一屆的錄取名單上，他是備取九十幾名的學生，但名單公布沒多久，他就跑到研究室來找我，說要當我的研究生。

他以自己在中部某大學做的專題對我展示他的能力。雖然只是一個簡單的校園導覽APP，技術門檻不高，但他介紹作品時充滿熱情，尤其是美工與使用者介面，他特別用心，好似那是再重要不過的成就。

我請他去和別的老師聊聊，不需要那麼快決定指導教授。他真的乖乖繞了一圈，和其他老師們討論後，又回到我的辦公室，因為其他老師都認為他的備取名次很後面，談研究指導言之過早，只有我不知道哪來的信心，就是相信他一定能夠進入成大，甚至承諾即便最後少收了一名研究生，我還是會為他保留名額。

暑假期間，他毫不在乎自己也許進不了成大的大門，每回我的新生們有活動，他都抽空參加。我則定期幫他瞭解備取進度，只要備取的名次前進了，便將好消息通知他。師生倆都期待這段師生緣能夠開花結果。一直到註冊前最後一天，他幾乎放棄希望，以為成功大學就要在他眼前關起大門了，他才終於以最後一位備取生的資格，成為資工所的碩士班新生。

可能由於得來不易的讀書機會，彥柏比其他學生都用功，對我的要求也更逆來順受，只是他的程式基礎實在不好，數學更是糟糕。他後來坦白告訴我，因為學費的考量，他從大二決定取得碩士學位後，就知道自己非念國立大學的研究所不可，因此從那時就開始補習，靠著強記硬背，以及狂練考古題，這才勉強考上成大。

即便他後來花了很多力氣去補足基礎知識，但還是有許多作業交不出來。按理他應該專心課業，努力寫出畢業論文就好，但是我準備到東石開課時，曾詢問過同學們的意願，已經碩士二年級的他，即使在準備研究論文口試如火如荼之際，居然還願意貢獻時間，並且在東石的教案上也貢獻了不少想法，這點連我都十分感佩。

我想，**也許那是因為他自己險些成為失學的孩子，因此特別能夠同理偏鄉孩子的**

需求吧！

秉文則是另外一位東石的先鋒，他是位沉默的學生，在班上幾乎沒有什麼存在感，可是許多與課業無關的、額外的、沒有人願意做的事，他都會攬下來，是個家教非常好的孩子。一直到碩士論文要口考時，他都未放棄在東石的教學工作。他們兩位是所有助教中撐的期間最長，付出時間最多的。

兩位研究生都對孩子們極有耐心。有一次，在東石目睹孩子們跟其他學校前來辦理營隊的大學生們依依不捨地話別，甚至還有小朋友哭了起來，這讓他們心中頓生許多感觸。他們那時候就知道，**孩子們需要的是長期的陪伴，蜻蜓點水式的關係，反而可能造成傷害**。這或許也是他們願意長期投入程式教學的緣故，希望以「大哥哥」的形象，陪孩子們走一段成長的道路。

協會的重要後盾

除了開路先鋒外，我也有堅強的後盾。

王玉琳是我實驗室中很厲害的學生，從大學到博士班一路都是成大書卷獎的得主。我的研究範疇十分多元，多數研究生只會擇其中一、兩個項目深究，但玉琳除了音樂類專題外，幾乎跟著我進行所有領域的研究。

博士班畢業後，她回到新竹工作，認識了她先生。結婚懷孕後，又隨著先生的工作搬到台南定居。玉琳一方面想在台南找工作，一方面又擔心孩子出生後，自己會工作、家庭兩頭燒。在沒有完善育嬰措施的國家中，這是所有職業婦女都要面臨的難題。

當時我和交通大學轉譯中心合作了一個生醫計畫下的訊號分析與電路設計研究，這是相關領域中非常先進的計畫，我們最近還在頂尖期刊上發表了一篇論文。我邀請玉琳在該計畫下擔任博士後研究員，專攻癲癇腦波的分析。這個工作雖然有壓力，但工時不會過長，又不會背棄她自己的專長，我認為非常符合她的需求，而且研究若有產出，將會是很重要的醫學成就，可以幫助無數的癲癇病患。

癲癇是腦部不正常放電而產生的症狀，病患會全身抽搐、失去意識。一般治療的方法是長期服藥，不過長期治療會產生抗藥性，或是藥量要愈來愈重，或是刺激的電流量要愈來愈強，才能產生同樣的療效。

然而，癲癇發作有好幾種類型，最嚴重的是泛發性強直痙攣發作（全身性大發作）：不僅會傷害大腦，病人的行為也會產生危險（例如咬斷舌頭）；也有像是忽然受到驚嚇那樣全身抖了一下就沒事的小發作。如果我們透過訊號分析，知道這次發作是全身性的大發作才給藥，如為局部性的小發作，就讓它自然結束，這樣便能減少服藥的頻率。

目前我們的研究已經做到可以在「失神性癲癇」發作一秒內偵測，且抑制成功，而「顳葉癲癇」可以於五秒內成功偵測。放諸全世界的標準來看，這些都是非常頂尖的成就。

玉琳後來退出這個可能為癲癇患者帶來福音的研究，因為這個研究需要設法讓許多健康的老鼠罹患癲癇，然後將各種電極插在牠們的腦部，收集資料研究，此等戕害生命的事讓將為人母的玉琳滿心不忍。不過真正的導火線出現在那一年農曆春假，玉琳不過離開三、四天，假期結束回研究室時，發現一屋子老鼠全死了！

那是五、六十條生命啊，想到牠們死前承受的痛苦、孤單、無助，想到牠們的枉死，玉琳有滿滿的自責。她一個女孩子勉力帶著助理們收拾了老鼠的屍體，同時遞出她的辭呈，離開那個研究。

於是，我用另外一個音樂訊號分析的研究，請她轉過來做博士後研究員。她用原有的專長，進行小提琴演奏與肌肉電生理訊號的結合研究，並把這部分的研究延伸到運動生理的分析，包含舉重健身與自行車。

整個研究的技術是玉琳負責的，因為計畫很龐大，她還帶著幾個學弟一起幫忙。團隊先將腳踏車的變速器改裝為電動設備，而且可以用手機控制變速，接著玉琳再帶著學弟們一起分析騎士的心跳與肌肉等訊號，找出特定轉速下人類騎自行車的最佳踩踏頻率，最後再自動把變速器調到適合此一踏頻。這一系列的結果，除了可以讓騎乘腳踏車最省力外，同時還能夠監控心跳與肌肉，防止騎士猝死與受傷。

當研究進行到某個階段，我的另一位博士班學生想將這個研究的成果產品化，他不只找到資金，還邀請玉琳跟他去開公司。雖然研究成果應該屬於實驗室的，但有學生要創業，我向來是樂見其成。只是他們想要開公司的消息傳出來好一陣子，卻一直不見具體的行動。

投入的初衷

這段期間，東石的課程一直在進行，玉琳從來都是旁觀者，但寒假到成大的自走車營隊成行前，玉琳忽然跟我說，她想要擔任講師，幫我負擔本來我要自己任教的課程。她也真的在大寒天到研究室來，協助東石的孩子解決自走車的難題。寒假結束後，玉琳針對 Program the World 的未來，和我深談了兩、三次。

我告訴玉琳，協會需要建立正常的組織，需要有能力的年輕人來幫我。那時我心中有數，玉琳可能想到協會來工作。於是我用情感面說服她，說自己身體不好，不僅承擔不起所有的重擔，恐怕還會提早賠上自己的性命。

但我覺得真正打動玉琳的理由，是她想到了孩子的未來。當了我十幾年的學生，玉琳很清楚我和兩個女兒的相處，也知道我從事偏鄉程式教育其實是為了女兒們的未來。當台灣所有的孩子都受到良好的照顧，我的女兒就會在美好的社會中長大，而玉琳的兒子自然也能得到他的幸福。再加上玉琳看我常常跟女兒混在一起，深知**有品質的親子關係需要花時間經營**，雖然像她這樣有英氣的女孩，很喜歡創業帶來的挑戰，但她應該更希望把時間花在兒子身上，讓兒子在 Program the World 的宗旨下長大，長成有愛的孩子。

於是，協會的祕書長一職，玉琳就當仁不讓了。Program the World 後續將展開的營隊工作，有很大一部分已經由她接手，而我們與民間企業合作的志工教師訓練、開放免費的開源課程教材等工作，也是她在處理，因為她的協助，我終於可以挪出時間，進行其他事務。

玉琳的善心讓我感激，許喬斐老師則帶來另一種溫暖。喬斐也是我的學生，不過她念的是工業設計。博士班畢業後，她消失了多年，有一天忽然來敲我研究室的門，介紹自己在南台應用科技大學視覺傳達系找到教職。

她也許是上天派來幫我的忙的吧。「老師需要任何設計方面的協助嗎？」她這樣問我。

看我一臉狐疑樣，她才靦腆地說，過去我太照顧她了，她一直想找機會回報我。既然她「自投羅網」，我才顧不得自己根本不記得愛護過她什麼，趕快拉著她為 Program the World 效力。

喬斐幫忙做的第一件事，就是畫出 Lulu's Hand 的設計圖，讓我們在初初登上募款平台時，就有專業的圖像可以打動人心。當然，整個咖啡濾杯的生產過程，喬斐老師都鼎力相助，包括整合廠商、修改設計、建議材質等等，她都是頭等功臣。

Lulu's Hand 順利生產後，我在東石的課程剛好進展到自走車的階段。雖然我讓學生嘗試用 3D 列印的方式製造車子，但當時我已察覺到，3D 列印的耗材太貴，如果這個課程要擴大進行，我一定要解決自走車材質的問題。於是我再度要求喬斐協助，用紙這種最便宜的材料來做自走車。

沒想到從自走車開始，喬斐帶著她的學生成立「紙結構教具開發」，陸續設計了好幾款紙教具和包裝，省卻 Program the World 一大筆經費。

更可貴的是，我們因為「缺少」錢才「獲得」的教具，不僅美觀、環保，還貫徹了 maker 的精神，這讓我不得不吹噓一下自己的慧眼，原來我早在十幾年前就看出我和喬斐的緣分呢！

有如「神助」的義行

如果說這些師生緣分或遠或近的學生們願意協助東石計畫，是因為我和他們相處時埋下的善因，那麼許、莊兩位先生的義行，就真的有如「神助」。

許先生是資訊科技界的名人，曾經先後在趨勢科技及聯發科位任高職，但因為要照顧母親，所以離開台北的職場，回到台中接案為生。他原本只是我的臉友，大概也觀察了我一陣子，認同我的做法，有一天忽然留言給我，表示願意無償到東石任教，減輕我的負擔。

業界經驗如此豐富的人才，教起書來也很出色，許先生懂得如何掌握學生的能力，激發他們的潛能。東石 APP Inventor 的課程有他的指導，我真為孩子們感到高興。

另外，我想用程式教育翻轉孩子未來的計畫，深受莊先生的肯定，因為他自己也是靠著寫程式的能力，翻轉了他的人生。

國中二年級時，莊先生的舅舅送了他一台蘋果電腦當生日禮物，並且教他簡單的 Basic ① 程式設計。不幸的是，莊先生的父親在幾年後因病去世，因為他的母親毫無謀生能力，家中經濟頓入困境，他和姊姊還曾經被安置在寄養家庭中，簡直就是從天堂被直接丟進地獄的孩子。不過，因為舅舅幫他打下的程式設計基礎，他靠著自學，慢慢掙得改變命運的機會。

寫程式的能力讓他不但可以接案，還可以到補習班教學，大學畢業前就把家中的生計一肩擔起，而且也為自己打造出不一樣的人生。目前，他是一家國際知名的 IC 設計公司在台灣的首席工程師。

年少時的家庭悲劇未能奪去他生命所有的色彩，他已經長成一位有能力回饋社會的好人。

同在IC設計業界，莊先生與我有業務上的往來，在得知Program the World的計畫後，就不時捐贈各種新穎的硬體設備給我們，減少我們的財務支出。

我也不時以莊先生的故事為例，鼓勵東石及岡林的孩子們，**我們雖然被動地承受命運的難關，但如何解決生命給予的課題，我們手上永遠握有主動權**。

學生教會我的事

有些學生雖然與東石的程式教育沒有直接關係，但他們給了我人生其他重要的啟發。

黃敬群是我教書生涯中電腦程式能力數一數二的學生。當年，他和另一位學生蕭義崧參加各種程式設計比賽，每次都能贏得大獎。唯一的一次例外，是他們倆去參加國家高速電腦中心的比賽，敬群在計程車上昏倒，被送到南門醫院去，與獎項失之交

①一種直譯式程式語言。來自英語 Beginner's All-purpose Symbolic Instruction Code 的縮寫，過去專門設計給初學者使用。

臂。否則只要兩個人出馬，連拿亞軍都算是失誤。

或許也因為敬群跟我都有身體欠安的遺憾，所以我們師生間有一種同病相憐的情誼。他對書寫程式有一種狂熱，時常寫到廢寢忘食，鼻血直流，連我都不得不服氣。

敬群在大三升大四那年暑假通知我，他要休學去創業。我一面慚愧地聽他抱怨：「學校教的東西都不是我想要學的，老師教不了我什麼了。」一面又為他感到憂心，畢竟只差一年就能夠拿到學位了，放棄實屬可惜。

但敬群說他等不及了，他想要讓人生及早開始，和世界一流的程式設計師比拚。他那篤定的樣子，讓我相信他足以為自己的決定負責，於是就簽了他的休學同意書。他臨走前告訴我，只有我一個人贊成他的選擇。那個時候，我不再是他的老師，反倒像是他很在乎的朋友。

他離開研究室時將門帶上，我心裡有點感傷，好像自己被留在一個相對安全，但是枷鎖重重的地方。

國立大學的文憑都框不住的這個年輕人，他的勇氣會將他帶到多麼遠的地方呢？

然後，敬群就這樣消失了很長的時間，我偶爾在網路上聽聞到一些他很厲害的事蹟，例如他在全球 Linux 論壇擔任 keynote speaker（台灣第一位）。據我知道，在現存的世界紀錄中，他應該是以非公司名義貢獻最多Andriod系統程式碼（patch）的個人。

時間悠忽過了十年，敬群忽然到台南來找我，讓我頗感意外。他說剛把OX Lab（他所創辦的公司）賣給聯發科，想趁機休息一年，看看接下來人生還可以往哪裡發展（這段時間，他不斷收到來自包含韓國三星等大公司的工作邀約）。

後來他不時到成大找我聊天，把台南當成度假的地方。我方才知道他之前為了幫自己的公司找人才，曾以業界專家的名義在大專院校開課，因此建議他休假期間到成大和我合開一門課，他也欣然同意。

用能力壓倒學歷

敬群對學生的要求很嚴格，常常跟我比賽誰出的作業比較多、比較難，但因為他有足夠的業界實務，學生被要求得心服口服。

課程合開了一年，學生反應都很好，我覺得一直用業界專家的名義聘請他，實在是委屈他了。雖然敬群不在乎這份薪資，但我應該要尊重他這個人才，讓他獨立開課才對。

問題是敬群只有大學肄業、高中學歷，而且不是藝術科系，不能用作品的成就取得講師的資格，像他這樣的人要在資工系擔任在大學部獨立開課的正式講師，乍聽之下，簡直像是天方夜譚。但是我四方奔走，努力打破大學的成規，務必讓敬群通過校方的三級三審，獲得講師的資格。

我找了業界與學界幾位重量級人物擔任推薦人，並將敬群在程式設計界的成就羅列成冊。經過兩年奮鬥，衝破重重限制，直達天聽，終於獲得校長的批可，敬群就此成為台灣的國立大學資工系中唯一一位只有高中文憑的講師。

我認為這是成功大學的成就，它代表我們終於可以跨越「博士學位」的門檻，衷心接納有實力的人才。

真正的生命鬥士

另一位我認為應該要被延攬的人才是詹博丞，他目前在資工所就讀博士班。罹患點狀軟骨錯生症的博丞來自台南一中，當初以七十一或七十二級高分申請資工系時（一般只需六十八或六十九級分），讓我們非常緊張，因為他視力全失、聽力受損、脊椎嚴重彎曲，需要枴杖助行。

資工系不曾有過多重障礙生的前例，我們系館因為是老舊歷史建築，硬體不是非常友善，大家都擔心他的安全。博丞入學後，系上慢慢改裝無障礙設施，我們也安排學生輪流陪伴他，減少他爸媽陪伴的負擔。

因為他的聽力受損嚴重，我上課時又沒有體力大聲講課，所以下課後還要透過電腦用MSN（當年的通訊軟體）再教他一次，同時讓他提問，等於我要再花兩、三個小時重上一次課。我的打字速度變快，全拜博丞所賜。

博丞有千百個理由在課業上落後，然而讓全系師生都好生慚愧，他不僅在學科部分維持第一名，連寫程式都是全班冠軍，每學期的書卷獎無不是他的囊中物。

博丞寫程式要靠觸摸板，並且得把所有程式碼背下來，才能進行開發、除錯的工作，整個過程非常花時間，但他就是能不斷交出優異的作業和成果。除了過人的毅力之外，我不知道還有什麼其他的解釋。

發病前，博丞是音樂班的資優生，因為他與音樂的淵源，所以將大學部專題著力在盲人的點字樂譜（touch melody）。台灣雖然也運用這套系統，但只有簡化的版本，博丞希望能夠接軌國際，讓系統具有指導節拍強弱、中文語音導讀及樂譜播放等輔助功能，幫助視障者學習音樂。

這套程式花了博丞四年的時間開發，是一套非常龐大的程式，然而他成全了自己學習資工的動機：開發盲用軟體，幫助和他一樣視盲的朋友。碩士班時，他在黃敬群老師的指導下，開發新酷音輸入法。這兩個作品都曾參賽獲獎。

博丞是一位真正的生命鬥士，我甚至認為如果不是台灣這麼死板的教育環境，他的成就當不止於此。其實身體障礙對於科學技術的研究，表面上看來似乎是不利的，但是在研究領域上，例如麻省理工學院的霍金教授雖然有肢體障礙，但卻有極大的貢獻，類似這樣的例子比比皆是。期待台灣能提供一個具備廣闊視野的環境，讓類似博丞這樣的學生可以盡情發揮。

博丞的困境應該就是所有殘障人士的困境，人們看不到他們的「有」，只會把他們的「無」無限放大。因為他的實力，加上他對身障者需求的瞭解，反而更能做出符合身障者需求的研究與發明。

博丞目前還在攻讀博士的路上奮鬥，我用敬群當年用能力壓倒學歷的情事鼓勵他。我也常對他說，他的毅力常常在我失去力量時幫我重新站起來。因為音樂讓我們結緣，課外我也常與他一起去聽音樂會。

社群經營大將

最後來聊一位特別的朋友——農偉，他在不久前決定加入協助 Program the World 的工作，負責協會的網站及社群經營。我是因為 Lulu's Hand 才認識他。因為沒有廣告預算，也沒有通路上架的費用，Lulu's Hand 的銷售除了口耳相傳外，就是靠著朋友的幫忙。

有一次與朋友到台北市永康街一家朋友的店碰面，那店用的就是他烘的豆子，他也推薦Lulu's Hand，同為咖啡愛好者，我們多聊了兩句。後來幾次去那家店拜訪，都有機會再和他碰面，我也慢慢拼湊出他的故事。

在烘豆子這一行裡，美國精選咖啡組織 SCCA（The Specialty Coffee Association of America）的評比是公認的標準。在滿分一百分的等級裡，他烘的豆子經常得到九十幾分。

然而，烘焙咖啡豆不是他的本業，他的正職其實是位程式設計師。他白天在某大企業組織的資訊部門擔任主管，以其營運狀況來看，這是可以安穩度日的工作。但跟我一樣，他也是一個不折不扣閒不下來的人。

烘咖啡除了是他的興趣外，也是他從事公益的資本。據我知道，他賣咖啡的盈餘會放在另外一個戶頭裡，專門用來做漂書等公益活動。如果戶頭到了年底還有存餘，就全部捐給公益團體。

然而，真正讓我動腦筋、想要與他合作，是因為他對社群經營的興趣。農偉經營過幾個社群，包括漂書（i-Reading），他一直試圖找出讓社群經營得以成功的模式。

漂書是他的一個實驗品。他買了許多書籍，放在網站上供人索閱。申請者只要付一點運費，就可以閱讀這些書籍，然後在其他人申請那本書時，再轉運出去。

為了增加社群的活力，他鼓勵寫書評、辦讀書會，還在書籍裡面夾帶小禮物，並提供頁面，讓收到書的讀者把小禮物的照片貼在頁面上「炫耀」。除了推廣閱讀，更有助於農偉操作一些變因，瞭解社群經營的方法。iReading 目前已上架上超過一千本書，累計傳遞數千次。

農偉的興趣其實對協會非常重要，畢竟我們在訓練程式設計師，而好的設計師應該是能夠和人溝通、有共同創作、共用筆記的觀念。

對協會而言，農偉除了能開發網頁設計的教材、管理協會網站外，還可以經營我們即將設立的幾個社群，例如數學軟體教學工具、教學影片分享等，以強化社員對社群的黏著力，讓我們想做的事情被更多人知曉、認同，集聚眾人的力量，共同完成改變社會的夢想。

我把我的夢想告訴農偉後，他也認為這是他可以勝任的工作，而且有極大的空間，讓他繼續實驗社群的各種可能性。於是，他選擇在工作之餘，義務幫助我們開發社群網站，並且幫助我們在偏鄉幫孩子們上網頁設計課程。

常常有人問我：「你見過觀世音菩薩嗎？」我一律回答：「沒有。」他們通常都會再追問：「那你怎麼知道佛菩薩一定存在？」我總是堅定地說：「我不需要真的看見菩薩，才能知道菩薩的存在。」

其實我會這樣回答，是因為楊萌智老師曾經告訴我：「你不需要真的看見上帝，才能相信上帝的存在。」因為，「上帝是用你周遭人的善心，來展現祂的奇蹟。」

如今回想，我做任何事，都有一些宛如「奇蹟」般的「善意」在照看著，對付出的人或許不算什麼，但對我來說，那就是神蹟的顯現，是祂讓我不致行差踏錯，也是祂把這些夥伴帶到我身邊，讓我們共同完成照顧下一代的大業。因此，我總是兢兢業業對待夥伴，深怕辜負祂把顯現神蹟的任務交到我手上的心意。

五、立業・成家

在急診室時，我半蹲著面對女兒，幫她換尿布，她就在那個當下賞了我一臉大便。

既然回台灣是為了照顧母親，我先就近在彰化的大葉大學求職，可惜應聘未能如願。我後來聽說被拒絕是因為我的資歷太好了，校方認為我只是把私立大學當作跳板，不相信我會在他們學校久待。

還好那時工研院與交通大學電信中心有個合作計畫，我再次因為趙子宏博士的引薦，暫時在交通大學工作。直到工研院開出職缺，我才到工研院任職。我進工研院時，母親的病況已經穩定，我也可以全力配合工研院的需求，貢獻自己的專長。

當時工研院的氣氛是鼓勵員工以研發成果出去開公司，為台灣創造更多科技產值與就業機會。當時我本有機會和院內的研究夥伴一起創業，成為現在某知名企業的創始成員。

後來我的學生畢業後到那間企業上班，薪資都比我當教授還要高非常多，也就是說，從物質條件來看，當初若能進入那間企業，我現在光是靠分紅股利就不愁吃穿用度了。

可是就在創業的時機即將成熟之際，媽媽罹患癌症，需要開刀。考慮住院時的陪伴及術後照料，都是一段為期不短的時光，而且需要全心投入，我因此放棄了創業的機會，改至新竹的中華大學資訊工程系任教，並在開學前陪同媽媽在台北進行手術，出院時剛好學校開學，母親就搬到新竹和我同住了半年，身體復原後才回彰化去。

媽媽回彰化後，我本來也可以去那家剛起步的公司和當時的同儕一起奮戰，但我不算很有事業企圖心，也不擅長跟人開口討機會，教學也許更適合我的個性。

我在中華大學一待就是五年，除了教書、指導研究生外，向國科會（現在的科技部）申請計畫，偶爾在外面兼課，有機會就接一些新竹科學園區的案子，收入算是不錯。閒暇時練練大提琴，改造我的音響，胸中無丘壑，中華大學的同事都非常和善，假日裡時常聚會，遇到比較長的假期，也會邀我一起出遊。對當時還是單身的我非常關照，日子過得愜意無比。

成為佛門子弟

然而，也就在人生最順遂的時候，我開始對生命感到困惑，忍不住自問：教書、賺錢、玩音樂與音響，這樣過一輩子有意義嗎？

也是因緣際會，鮮少看電視的我，某日看到電視節目介紹法鼓山，得知他們將在暑假舉辦「出家生活體驗營」。當時我對佛法全無概念，之前也不曾接觸過這個宗教團體，我懷著自己都無法言詮的動機，拿起電話就打算報名。只是沒想到這樣的體驗營居然熱門得很，我必須等待後補。暑假期間，我還出國去開會，等接到參加通知時，已經是好一段時間以後的事了。

可能正因為等候時日已久，可能因為通知來得太過突然，總之我在前往營隊前，不曾預先做過任何功課，完全不知道七天的營隊生活中，究竟有哪些體驗課程。

到了農禪寺報到時才知道，即便只是「體驗」，竟然也要把頭髮剃個精光，這讓我受到驚嚇，也感到為難。

儘管心中諸多不願意，我還是入境隨俗，至於行禮、問訊等佛門基本規矩，我也是全無概念，一切從頭學起，反正隔壁的師兄怎麼做，我就跟著做，至於動作的標準與否，當然就不能太要求了。

最痛苦的事情是打坐，雙盤腿時腿好痛，不盤腿，只讓雙腳交叉，又換成腳掌好痛，我差點連第一天都熬不下去。

第二天的情況，也沒有好多少，之所以硬撐著，純粹只是說不出想退出的喪氣話。一直到第三天，我都還不時想要任性放棄，逕自回家。

不過到了第四天，打坐時身體的疼痛已經不會對我造成困擾，跟著大家出坡勞動、持齋念佛、用膳休息。在規律的生活步調中，我慢慢有種身心安頓的感覺。

甚至在營隊結束時，我想到自己又要回塵世過庸庸碌碌的生活，竟有厭煩之感。短短七天的體驗，佛門已經為我大開。

在那之後，只要週末有空，我都會到法鼓山或農禪寺去短住，聽聖嚴師父講經，學習過出家生活。

說來奇怪，只要在山上過夜，我莫不是一沾枕就一夜無眠到天亮，早上固定不到五點鐘就起床，連鬧鐘都不必設定。平日那種作息不定的壞習慣，在佛門內完全根除。

後來慢慢有機會，我開始協助寺方辦理活動，像是禪七、佛七、體驗營等等，每次擔任行政人員照顧學員，都讓我精神飽滿，成就感十足。也因為經常出入法鼓山，我和師父的弟子，像是果東師、果品師、果建師、果醒師等都熟識，心裡總是羨慕他們能夠長期過那種精神層面勝出的生活。

我去聽師父講經沒多久，就希望能貢獻自己的專長，為師父錄製經文。聖嚴師父講的楞嚴經，就是我幫忙錄製的。透過耳機聽到師父的話語，我感覺那套經是對著我一個人講的，在師父和我之間，再無他人存在。那種像是醍醐灌頂的度化，讓我自覺和師父變得好親近。我也陸續閱讀了師父的傳記和著作，除了對他的崇敬與日俱增外，也對他度化眾生的作為，嚮往不已。

碰了軟釘子

我對佛法的執著，讓阿公頗有微詞。事實上，所有的宗教都入不了他的眼。我記得他過世半年前的某日，我回彰化陪他，在客廳看電視，當時阿公全身都不舒服，經常痛到坐不直身子，不斷發出呻吟。

那天我在觀看聖嚴師父的節目《不一樣的聲音》，阿公陪著我看了一段，忽然開口說：「你師父是騙子。」我一時不知如何回答，既不能接受他的說法，又萬萬不能和老人家辯解。

後來阿公接著說，菩薩和佛祖是騙子，耶穌和阿拉也是，他們都是有能之士，來到世界推行善念，只是因為世人無知，所以他們只好用欺騙的手法，勸人為善。

這原本只是一段我過眼即忘的插曲，阿公過世後不久，它居然用一種神奇的方式在我面前重啟旋律。

那次師父正在講經，我一時分心，想念著阿公。當時台下坐著近百位信眾，師父開示到一半，忽然轉向我這個方向，用一種調皮的表情與口氣，說：「你們知道嗎？釋迦牟尼是個大騙子，而你們的師父我是個小騙子，專門來騙大家修行、做好事的。」

師父說這話時，眼神似是在盯著我瞧。似乎想用阿公的舊調，唱和出他對我的理解。當下我淚流如注，好像人生所有的執念與悔恨都可以因為師父的理解，暫時得以放下。

類似的事情出現過至少三次。在師父面前，我覺得自己全身赤裸裸地，所有的痴心念想，都瞞不過他的眼睛。

可能正是因為這樣的理解，我認真考慮過是否要出家，是否要在佛法與師父的庇蔭中安頓我的身心。剛好聖嚴師父想在美國紐約成立象岡道場，傳揚佛法，他需要一位有語言能力、地利關係的博士到當地去主持。

果品法師跟我提這事時，我非常心動，直覺這根本是為我量身訂製的工作，畢竟從俗世的各種客觀條件來看，很難有比我更符合資格的人選了。

沒想到師父讓我吃了個軟釘子，讓我無法接受。他說在家人能夠度化更多眾生。沒能去成紐約，我落寞了一段時間。今日想來，也許師父早就知道我後來會在偏鄉進行樂土計畫，也許他認為留在台灣比遠去紐約更適合我……

師父過世時曾說，他來生還要來此出家當和尚，我也與師父相約，來生我一定皈依他的門下。

至於這個當不了出家人的今生，就讓我用俗世的方式，幫助更多人離苦得樂吧。

與內人的牽繫

紐約道場去不成，我繼續留在中華大學任教。大約過了一年，我手上有個國科會電子設計相關的計畫，使用的是當時全世界數一數二的電子設計工具公司的軟體，我對硬體設計過程有些疑問，該公司派了顧問來協助我完成計畫。計畫結束後，那顧問和我成為結髮夫妻。

我和 Lora 認識後沒多久就結婚，並不是因為我們的年紀都不小了，而是彼此都有那種「原來，你（妳）在這裡」的感覺。一方面我們是同行，在專業上，有很多話題可以聊。二來，我們兩家人本來就認識，回溯到我大一、她高三時，就曾經因為家族聚會而見過一面。紅線早在十幾年前就交給對方，但居然要到那麼久以後才牽到彼此的手，緣分這件事，真是很不可思議。

內人從事的是電子設計業的救火任務，遇到每一個案子都很緊急，所以經常繃緊神經。結婚前後還在救一個大型計畫案，那個案子終結後，她就把工作辭了，而且不打算再回職場。

她不喜歡新竹的氣候和環境，希望搬到台北或是台南故鄉。我本是隨遇而安的人，在哪裡都能生活，內人幫我準備了所有申請學校的資料，我也就樂得配合。當時我申請了三所大學，待成功大學的聘任書到手後，我們就舉家南遷。人生的另一章節就此在台南開啟。

到成功大學後，因為我是從私立大學轉過來，需要從基層開始慢慢再一步步升等上去，在我忙著準備升等論文的同時，卻又不自量力地接了計算機網路中心校務行政系統組長的行政職務，再加上我帶研究生都是親力親為，不會委由博士生去指導碩士生，因此教學工作也繁重無比。我每天早出晚歸，忙得不可開交，身體也頻傳警訊。

在這樣的生活步調下，不要說沒時間北上到法鼓山修行，我每天回家後就只想攤著休息，也完全沒注意到內人的身體狀況。沒想到，那時內人莫名其妙生起病。她的體重急劇下降，經過多次門診都不確定是何原因，就在危急之時，經過介紹，轉到台大醫院就診，才查出是嚴重的急性甲狀腺機能亢進。在緊急住院，施打類固醇後才控制住病情，也才將她從死神手中搶了回來，然後又進行一次手術。那幾年，我們每月數次往返台北與台南，但甲狀腺機能亢進也成了她終身的痼疾，高劑量類固醇所導致的後遺症也因此持續了多年。

我在學校的工作日益繁多，一直以來我想推動的，用軟體工程（Software Engineering）開發準則讓學校的校務電子化系統能夠升級這件事一直無法突圍，同時自己所長期致力的系統層電路設計（Electronic System Level）的研究，一方面不容易發表論文，另一方面無法讓國內IC設計公司所能了解、採用，我飽嘗理想無法推動的苦惱。而希望早日升等的私念與研究所的老師們所傳達給我的研究理念，在我內心裡形成一種拉鋸戰。彼時，我被圍困在讓人窒息的體制內喘不過氣，於是用暴躁的脾氣對待每日所見的人、事、物，參加大小會議時，也常自以為是正義的化身而隨意炮轟。

現在回想起來，那時候我應該要去看心理醫生，否則我可能不是引發精神病，就是會因生重病而倒下。還好，後來是我的孩子們解救了我。

甜蜜的負擔

早在我成家之前，有一次聆聽聖嚴師父開示，他說：「保護自己孩子最好的方法，就是順道把別人的小孩教好！」不懂的事，怎麼說也不會懂，但是時間到了，智慧就圓融了。我們完全不需要強迫自己接受上天幫我們挑選的禮物，但這個禮物來得正是時候，在我人生最困頓的時期之一。

如同《小王子》的故事般，超過四十歲的我，早已經忘記自己曾經也是一個小孩，所以也不知道該怎麼當一個好的大人。我的女兒D的到來，讓我開始回想與追溯小時候所經歷過的許多事，包含我自己出生後幾年的事，以及國小時孫老師如何照顧我的事，這些事與我目前在推動的 Program the World 息息相關，甚至可以說，沒有經歷過這些事，我就不會有推動 Program the World 的想法。

D跟我一樣，都是不足月出生，以下的描述如果套在我小時候的樣子，應該也不會差太遠。從小瘦小無比，眼眶和鼻頭紅通通的，完全不見嬰兒稚嫩可愛的模樣，再加上孱弱的身形，簡直與新聞畫面中看到的難民有得比。從小，D的體重就追著百分之三的成長曲線。抱著她時，她整個人往往就無力地伏在我肩頭上。我常常會輕聲喚她，但通常她都沒有多大的反應。而當她的眼眶中含著淚水時，我們卻又幾乎聽不見她的哭聲，常常看著看著，我們的心也在流淚。

那時，我終於可以理解父親對我所說的，「養一個孩子就如同千斤重擔啊！」

其實，一般人看見D，都會以為D是個啞巴，這也不是沒有道理。因為D除了進食外，無論哭或笑，她嘴巴都是嘟著，聲音微弱到根本聽不見。當她皺著眉頭，小臉蛋糾成一團時，就是她傷心哭泣的反應；她的笑容就表現在勉力拉動嘴角的肌肉，一副笑起來比哭更難看的表情，她完全不是可愛模樣的嬰兒。

但**世界上所有用來形容美的文字，都不足以描繪她頰上那朵燦爛的笑靨，以及我們第一次聽聞的她的笑聲**。

在別人看來，D只是勉強拉動了臉部的肌肉，彎著嘴來表達她的安適。我卻癡傻地認為，她是知道自己有了倚靠的雙親以及所有家人的祝福，因此決定用她的微笑來迎接嶄新的未來。

天使加持的生活

除了身體不好，不時得到醫院報到外，D黏人的程度，比我小時候還嚴重。我記得媽媽常常說嘴的一件事，就是我小時候半分鐘都不能讓她離開我的視線，否則我就會哭到歇斯底里。因此，她不論上廁所或洗澡，都得在廁所內準備一張小椅子，讓我坐著陪她（其實是她陪我才對）。但，D不只是清醒時隨時都要有人陪，連晚上睡覺都得依偎著我們夫妻。只要我們轉了身，讓她感覺到身體沒能倚著任何人，她便會警醒，然後放聲大哭。敏感的程度，不斷挑戰我和內人的耐受力。

從來不肯睡嬰兒床的她，三年多來的夜晚，每隔三、四個小時，我一定被她的哭聲所吵醒。唯一能夠讓她再一次入睡的方式，就是抱著她在佛堂裡，一邊搖呀搖著，一邊唱觀世音菩薩的聖號。約莫二十分鐘後，等她睡著，我才再一次輕輕把她放回床上。

也許是出生時在醫院度過好一段日子，缺乏安全感的她（回想起來，我自己也很缺乏安全感），走在馬路上，她的小手一定緊緊地抓住我的手指到幾乎要把我的手指扳斷的樣子。我問她為什麼要這麼用力。她說，怕爸爸不見了。我聽了，心好疼啊！

簡單來說，我覺得D就是那種用來證明「養兒方知父母恩」的麻煩的孩子。小時候我怎樣折磨過我母親，D就加倍奉還給我。可是我已經好愛好愛D了，只擔心自己沒把她照顧好，怎麼可能計較她對我們的要求。

自此，我和內人的生活像是被天使加持過一樣，立刻繽紛了起來。孩子的一顰一笑都牽動著我們，看著她在我們的照顧下，慢慢養好身體，建立安全感，我才知道，過去我因為自己缺乏安全感並不想要生養孩子，那根本是因為我不知道有孩子是一件多麼美好的事。

孩子讓我所有的努力，都落實成可以庇蔭他們的磚瓦屋宇。我在工作上的付出，再也不只是為了求取溫飽，所有的汲汲營營都有了更美好的動力和意義。

我的玫瑰

「因為你為你的花兒傾注了那麼多時間，所以才使你的玫瑰花變得那麼重要。」《小王子》的作者聖修伯里先生是這麼說的。比較起來，二女兒J是個白白胖胖、足月產下的女娃，隨便逗弄就會開懷大笑，很討人喜愛。因為是個健康的寶寶，加上已經是第二個孩子，（那句話不是這麼說的嗎？「第一個孩子照書養，第二個孩子當豬養。」）所以照顧上相對容易。不過她一歲多時，不慎感染了輪狀病毒，狂瀉不止，一個晚上至少要換二十片尿布。

那時輪狀病毒正在流行，醫院中擠滿了感染的病童，我們送醫後先在急診室走廊待了一夜，才勉強被排進醫院彈性調動的產科病房。我還記得在急診室時，因為空間狹小，我得半蹲著面對她，才能她幫換尿布，她也就在那個當下賞了我一臉大便，真真切切的「一臉大便」，毫無誇飾。但我顧不得臉上的穢物，先幫她處理完，才去廁所清理。

像我身子這麼虛弱的人，往往周遭有人罹患會傳染的疾病，像是流行性感冒，我一定難逃一劫。按理我「吃」進了輪狀病毒，絕對會發病才對。但神奇的是，老二住院期間，我身體完全無異，每天學校、醫院兩頭跑，忙碌地照顧她，也早早過了疾病的潛伏期。然而一得知她隔天可以出院的消息後，當晚我就開始上吐下瀉、高燒不退，輪狀病毒發威時該有什麼症狀，我一樣也沒逃過。像是身體給了一段「寬限期」一樣，期限一到，還是得清償債務。不過我還是很感激它「擇期發作」，讓我可以順利完成父親的責任。

這個經驗愈發讓我體會到「為父」的神奇，我好像能覺知到有一種叫「天性」的力量，能夠和它協商、斡旋，以便為子女爭取最大的幸福。

可能是因為我們花了太多時間照顧體弱的老大，使得老二從小就有被忽略的感覺，她需要用許多方法來爭取我們的注意力。加上這孩子天生就有自己的品味，對於「擁有」有無窮的慾望，但對所有事物卻只有三分鐘熱度，讓我們在教養上頗費心力。

我常常開玩笑地說，我的一對千金是天使與魔鬼。D天真善良，老實易受騙；J機靈聰穎，腦子裡都是鬼主意。我不知道後天的養成可以改變多少天性，但是**身為父母能做的事，就是盡可能長時間地陪伴她們**，因為她們就是我的玫瑰，雖然他們是我的女兒，但事實上，是我被她們所馴服了。對我們來說，對方都是獨一無二的，因為我們都對彼此身上傾注了無數的時間與愛。

有幾十年的時間，我忘了自己也曾經是個小孩，是一個把蛇吞了大象解釋成是一頂帽子的沒有想像力的大人，是一個只看數字來衡量一切的無聊大人。然而，D與J的到來給了我機會，讓我把自己的童年重新再過一遍。很多忘了的事會再被想起，更多不可考的事，也可以在她們身上看見。因為D小時候的身體狀況跟我一樣不好，而J就如同國小時候的我一般古靈精怪。後來，在遇到很多麻煩事情時，我慢慢可以用直接、純真的方式來思考，因為這是她們所教會我的一樣很簡單的祕密，那就是，「只有心才能看得清楚，眼睛是看不到真正重要的東西的。」

以「學生就業率」為大學評鑑的項目，是一種短視的價值。教育真正的目標是什麼？是教導出有用的人，還是有工作的人呢？

E、台灣教育現場

前面提到，我選擇紐約作為留學的地點，一大部分的原因是音樂相關行業中最大、最好、最新的元素，都集中在紐約。例如全球最大的淘兒唱片行（Tower Record）就落腳在這座城市，林肯中心旁及西四街上那兩家淘兒與散布在紐約大大小小的二手唱片行，都是我課餘時間最常流連忘返的去處。

行過地獄門前

我不知道是否每一個留學生都要經歷過一段嚴苛的考驗，但是從小以來都是被保護著的我，第一天到紐約甘迺迪機場就錯失來接機的朋友，接下來一連串的不如意，讓我懷疑到美國念書這件事是否是對的。

當時紐約即將入冬，我人生的第一場初雪像在配合演出一樣，晶晶亮亮地詮釋著那破了一地的心，因為我期中考的成績超過半數的科目都不及格，我的自信心下降到谷底。

站在紐約街頭，熙來攘往的人群從我身邊走過，他們或是低頭趕路，或是昂首邁步，每個人都朝著既定的目標前進，只有我拖著踟躕的腳步，不知道未來在哪裡，一直到臉龐冰涼刺痛的感覺喚醒我，才知道北國的淚水會在臉上結冰。

我下意識地來到淘兒，也許是想在那裡找到音樂的救贖。我試聽了麥克・歐菲爾德（Mike Oldfield）著名的專輯《危機》（Crises），其中〈Moonlight Shadow〉的歌詞唱道：

I watched your vision forming,

Carried away by a moonlight shadow,

Star was light in a silvery night,
Far away on the other side,
Will you come to talk to me this night?

那個當下，我好想買張機票回台灣，什麼學位、成就，似乎都不重要了，但是家人的期許，讓我無法如此任性。於是，我將那張專輯唱片放進提袋中，希望自己被逮，被遣送回台灣。我心裡很清楚這麼做很傻，也知道這是足以影響我一生的錯誤，但我一邊想像自己會有多麼後悔，一邊又止不住自己的腳步往門口邁去。

大門口的磁條感應器不過十步之遙，再走十步、再走五步，警鈴作響，我會被警察銬上手銬，以竊盜罪嫌移送法辦。

就在離感應器不到五步距離時，有人在我的肩頭拍了一下。我回過頭去，那是一位身材高大的非裔男性店員。他有黑人特有的捲髮，跟其他店員一樣穿著白色襯衫，外搭黑色西裝，脊背挺得筆直。我和他的身高差了幾吋，平視時只能看到他的下巴。

他並未開口說話，只是用手指著我的提袋，然後伸出右手的食指，在我眼前搖了搖，接著往他背後的唱片架一指。

他的眼中沒有任何指責、輕視或是排擠，反而透出悲憫的光輝。

我心頭一緊，幾乎嚇出一身冷汗，趕忙把唱片放回架上，羞愧地急著想離開。就在我再次接近大門時，一位白人店員將我攔下，把我請至一旁，並要求我打開提袋受檢。他發現袋中空無一物時，表情有些驚訝，但隨即擠出笑臉致歉，還親自送我離開。

走出淘兒後，我回頭望向店內，想向那位黑人店員致謝，但張望了一會兒，沒能見到他，於是我又走進店內，仔細找了許久，還是不見他的蹤影。奇怪的是，之後我多次造訪這家淘兒，但與那位黑人店員始終緣慳一面。

多年後我學佛，有一次讀經時忽然頓悟，忍不住對自己當年找人的傻勁發笑——我找不到的人，哪是什麼非裔店員，他根本是來拯救我的菩薩。

會提這段往事，是因為我知道每個人都可能走到那樣的十字路口，在命運的捉弄下，只想放棄自己。於是一個意料外的轉彎，就讓人生從此陌路。既然**研究顯示，偏鄉的孩子更容易來到這樣的十字路口，我便希望因為我的陪伴，可以讓他們不至於走上人生的不歸路。**

我看台灣教育的問題

身在教育現場多年，我在大學教授這個角色上，一直努力成為和學生相互扶持的朋友。每一年學期結束前，我都會個別找研究室的學生來聊天，談談他們的研究方向，以及我對他們的觀察、期許和關懷。

一年一年下來，我很明顯意識到，學生們的表達能力愈來愈低。我不只需要重複我的提問，他們才能理解，學生還會同言反覆，用「鬼打牆」的答案，蹩腳地回應我。他們表現出來的樣子，遠遠低於其真實能力。

學生的表達能力只是教育成果退化的面向之一，整體而言，我必須很洩氣地說，台灣學生的思辨能力是一年不如一年了。但這不必然是學生的問題，我們端出的菜色如此偏廢，如何養出健康寶寶？

一、只學「有用」的學問

每個孩子小時候都擁有天馬行空的想像力，對世界萬物帶著無窮的好奇，但是進入教育體系後就被洗腦，只想學（老師覺得、家長覺得、自己覺得）對他們有用的東西，而不能「用」的東西，好像就沒有學習的必要。例如，每隔一段時間就會被搬上檯面爭論一番的文言文教學。

在我一個學理工的人看來，文言文是一種非常厲害的資料壓縮法，其間充滿留白的美感，透過不同的轉譯，可以世世代代傳遞下去。

文言文需要好的老師來教導，但不能因為沒有好的老師就完全否定它的存在價值。這樣的道理，適用於所有「乍看無用」的學問，像是哲學、歷史、藝術、理論科學。一方面，我們罔顧這些學問已經歷千百年的錘鍊，只會自大地認為，我們「乍看無用」的，肯定就是無用；再者，那些學問之所以看似無用，是因為它們與就業市場有隔閡。「念數學系將來要找什麼工作？」或是「學藝術怎麼能當飯吃？」都是常見的問題。但教育真正的目標是什麼？是教導出有用的人，還是有工作的人呢？

我認為**整個社會都在強調「效用」時，反映的是一種短視的價值觀**。我現在付出的（學習的），要在短期內有回報（進入好的學校、得到好的工作）。從國、高中課綱與升學考試的緊密鏈結，到大學課程內容需要接受畢業學生就業比例的考驗，各級學校的教育方針都服膺於一套又一套追求效率的標準時，我們怎麼能怪學生們以「那有什麼用」為由，拒學文言文呢？

連我這種經常問女兒問題、給她們刺激的家長，慢慢都發現學校有可怕的「魔力」。我女兒開始會問我：「爸爸，你問我這個要幹嘛？」在她們小時候，這種問題是絕對不會出現的。

我再強調一次，**這不是孩子的錯，是我們的社會灌輸了他們這樣的觀念**。而從科技業的角度來看，如果不建立美感，不懂得「無用之用，是為大用」，我們將永遠無法脫離代工的命運。

二、不培養無法測量的能力

另外一個常見的問題，是我們的年輕學子愈來愈沒有「志氣」了，或者用美國人的說法，他們變得 no guts。

才剛聽完老師指定的題目，他們就抱怨「太難了」，沒有接受挑戰的勇氣；面對課業的難題，他們會習慣性地跟老師索求答案，在書本和論文中尋找答案，甚至向不是真正的專家詢問答案。一旦在書本、期刊裡，甚至是網路上找到相近的論文，就希望套進自己的研究中，一舉解決自己的研究問題。

一整個學生世代皆如此，絕對是環境所致。**我們的教育太在乎紙筆測驗，其他無法用分數量化、沒有標準答案的能力，因為長期被升學制度忽略，家長及學生也就無**

心下功夫培養。

諷刺的是，好不容易完成了所有的升學考試，進到大學校園——這個最該讓學生放下「世上所有事都有答案」這種慣性思考的地方——多年來還是用紙筆測驗考核學生的學習，忽略他們的實作技巧或論述邏輯。

這樣的結果，就是凡不能標準化測量的事物，都可能被孩子們冠上一句：「不公平！」的抱怨。

他們抱怨工作分配不公平、教授給分不公平、就業機會不公平。凡是不順心意者，皆可以冠上「不公平」的名號，然後為自己的失敗找到藉口。

這樣的態度，或許也和家長及社會的態度有關。每當制定任何政策時，總是有家長會出來喊「不公平」。例如台灣有許多家長和學生反對開放大學及研究所名額給外籍生，因為他們怕子女們被排擠而進不了更好的大學。於是台灣人的能力與智慧就在自己的舒適圈中慢慢被消磨殆盡，需要不斷進步的老師安於象牙塔內的現狀；需要創新的高科技公司只想做代工（其實代工還是有其不可忽略的重要性）；需要動手實作的學生卻畏懼動手，多數人都希望一招半式安穩過一生，卻不知道在這個競爭白熱化的地球村時代，關起門來也難逃被別人追趕、超越的命運。

真正的能者不會要求別人給你「公平」，反倒會努力爭取機會，把「公平」分給別人。唯有替別人創造機會，真正的利益才會回到自己身上。

否則，美國為什麼要吸納了全世界優秀的留學生，提供他們獎學金？不就是希望留學生畢業後，讓他們的企業有源源不絕的優秀人才湧入，以造就今日領先全球的態勢。

同樣地，當我們的學子不再認為「公平」與「機會」都是別人理所應然該提供的，而是要與全世界優秀的人才競爭才得以享有，就不會小鼻子、小眼睛地計較眼前的短利，而能因為競爭的激勵發揮出更大的潛能，贏取更高的成就。

三、製造相互排擠的世代

說到競爭，台灣真是一個最矛盾的國家。我們的制度表面上要大家合作，教科書中不是充滿了各種「團結力量大」的故事嗎？然而，骨子裡卻是用競爭讓所有人變得貪心又自私。

小學時用考試成績來區分好、壞學生；中學時用班排名和校排名來建立學生之間的高牆；到大學，則繼續用論文點數來訂定教授的等級；等到進了社會，再依年收入與職銜來區分地位。表面上大家行禮如儀，但檯面下卻為了登上金字塔的頂端，相互排擠。

孔子說：「風行則草偃」；孟子又說：「上有好者，下必有甚焉者矣。」我們的孩子在這種表裡不一、雙面性格的環境下有樣學樣，即便知道要合作，卻也因為少有合作的機會，而不知從何做起。

要孩子們既合作又競爭，其實一點都不困難，重點是「與別人合作，與自己競爭」。

我在前面提到過 Program the World 兒童與少年程式設計教學計畫的晉級考試，題目雖然僅有一題，但因為每次考試都有相當的難度，所以答題時間從一天到四天不等。考試採榮譽制度，嚴禁考生間相互討論。

學生經過這樣長時間的思考，性情會變得比較堅毅，面對難題也不會輕易感到挫折。因為我沒有設定過關的人數，所以學生是和自己競爭，不用打敗別人。這個階段的考試沒有合作的成分，每個人都是一隻孤鳥，必須靠自己的力量穿越烏雲，迎來陽光。

然而，到了下個層級的晉級考試，題目變得更難，往往要好幾個月才可以完成，也不需要一天八個小時都浸淫在問題中。我希望他們每天花些時間去思考，經過實作後，再修正想法，一點一點解決問題。同時，我還依照學生的個性，將他們分組，讓個性和程度不同的人組隊，合力思考同一個問題。

不過，過關考試時卻是個別應答，連題目都有差異。同組內，只要有一個人沒過關，全組都不能過關。所以既要獨善其身，又得兼顧其他組員，目的就是要他們互相幫忙，靠著合作的力量，讓團隊一起提升能力。

當考試過關已經不足以激發他們更高的能力時，我們用專案開發的方式來帶領他們，進一步提高學習的強度，並訓練他們對作品產出品質有所要求。

容我把規模擴大來看。如果台灣教育中的考核制度是這樣設計，以個人成績為基石，接著建構同儕與團體的表現，整個世代的能力不是就一起提升了嗎？

四、教育不該為教育以外的目的服務

在我看來，奉行資本主義的台灣長期被有錢人綁架。富人想要賺得更多的財富，所以逼迫政府制定一些符合他們利益，把人變成生產工具的政策，讓教育有效率地幫業界培養人才，這使得我們的學科分類很制式、很細瑣。

讓我們將時間軸拉長來看，過去台灣貧窮，我們或許需要建立標準化的生產線，先搶得訂單，讓大家吃飽再說。用哪種方法最容易養就聽話的工人？當然是填鴨式的教育，只要做工，就有飯吃。

那不是制度的錯，只是時空背景已經不同了，原先的制度不再適用了。即使我們願意像印度或中國那樣，接受低價的工資，如今卻是個願意做工，也不見得有訂單的年代。這是時代的趨勢，難道我們要站在洪水面前抵擋洪水嗎？

更何況，回頭想想，為什麼學校要培養業界需要的人才？姑且按下那些訂單究竟富了誰的口袋、賠上了誰的健康，這些不正義的分配不談，教育難道非得與職業掛鉤才是正道？從杜威以降的教育家不是都強調，教育的目的，就是教育本身嗎？為何我們要用如此不正當的責任定位，矮化教育的神聖性，甚至以「學生就業率」為大學評鑑的項目之一，好像學生找不到工作，就全然是學校的罪過？如果真是這樣，乾脆把學校都變成職業訓練所不就好了嗎？

資訊教育可能拉大貧富差距

也許是因為我在東石推動程式教育，許多媒體來詢問我對於政府要推動程式教育的看法。

根據我的瞭解，這項提案是追隨美國總統歐巴馬簽署了將資訊科學納入通識課程的教育法案，而且預計在三年內投入四十億美元。只是台灣和美國的情況很不相同，我們若只是一味地複製他國的做法，恐怕將落得東施效顰的罵名。

只要瞭解美國資本主義的價值，就會知道美國以往的教育走向，是優勢的愈優勢，弱勢的愈弱勢，它的走向與多年來美國社會結構往不對稱的M型傾斜是一致的。

由於資訊教育需要的資源，包括師資、教具與教材，與一般傳統的學科鮮少有重疊性，例如你大概很難期待一位教社會學科的老師來教電腦（但物理科學的老師好像就容易一些），或是要求電腦老師只用傳統的白板來教程式（程式書寫一定要上機示範、實作），因此比起其他既行科目，資訊教育更需要政府投注大量的資源。

從資本主義的特性來看，我們可以預見，優勢家庭、優勢社區和學區必然能夠取得較多的優勢，進一步拉大資訊教育上的貧富距離。

回過頭來，衡諸台灣過去的經驗，任何知識只要列入教育學科，政府便會邀請一些學者來制定課綱，當它變成考試要考、升學必較的分數時，利之所趨，肯定有許多相關人士出版補習教材，也一定有補習業者投入，開設各種先修或加強的課程，除了將資訊教育的補習年齡拉低，以強調「不要輸在起跑點」外，高額的補習費用，也一刀劃開貧富學生的機會。

我這樣說絕非危言聳聽，大家應該對建構式數學在台灣引起的波瀾印象猶深。作為學習數學的一種方法，建構式數學並沒有錯，錯在被我們的政府和學者認定為教學與評量「唯一」的方法。全面實施強制性建構教學的結果，不僅減弱了學生的數學能力，也讓孩子們對這門重要的學問失去興趣。

這就是為什麼我害怕資訊科學被納入課程。**台灣太擅長把某種觀念當成教條**（這一點，我們在建構式數學的實施中已經經歷過了），廣泛實施，把大家壓進同樣的模子中，好創造在上位者以為的優等教育。

問題是資訊是一種「科學」，既然是科學，就沒有標準答案，沒有標準答案的東西只能教概念、教過程、教方法，可是就像我前面說過的，過去的教育（或者說，是單一化的評分標準）使得學子們總希望老師直接給他們答案就好，不想自己動腦筋。

要扭轉這種思維並不容易，先不說那些難以撼動的制度面問題，光是願意循循善誘的師資，不論是基層或高等教育，目前來看都是異數。

三個「不相信」

科學還有另外一個特色，就是**不要相信權威**。即使我是某個領域的專家，也不代表我的所言所行絕對不會出錯。我自己在做研究時，一直奉行五大原則，其中前三大原則，都屬於「不要輕信權威」。

首先，**你自己絕對是不能相信的**，因為自己常常自我感覺良好，弄錯了都不知道。第二，**不要相信別人，我所謂的別人包括授課的老師**，因為老師的知識都是年輕時候習得的，如果他停滯不進，他的知識根本無法解決未來世界要面對的問題。

再者，**絕對不能相信課本、論文**，因為過去所有的定理和應用都是為了當時的需求，以後會發生什麼變化，我們無法預知。

我的研究假設經過了這三個「不相信」後，接下來要建立實驗模型、驗證與討論，第五步則是回到第一步。只要這樣的步驟循環五、六次，就能夠建立成熟的科學思考與解題能力。

在教學現場，我最常交付給學生的研究課題，是不知道答案在哪裡，甚至連有沒有答案我都不知道的題目。**正因為這種開放性的探索，科學才會不斷進步，否則學生只是重複老師的知識而已**。

要知道所有老師的學習能力都會隨年齡下降。他的經驗雖然較多，但卻無法依照個別學生的情況，給出相對正確的答案。再加上這個世界變化實在太快，資訊科學領域更是如此，過去對的知識，現在可能出錯；現在對的知識，多半在未來也會被看破手腳，因此將老師的知識當作真理，絕對會阻礙科學的前進。

最後，也是大家都不願意明說的一點，就是**權威、專家、教授們都很怕被質疑、推翻或指正，年齡愈大者，愈是如此**。教授尤其是那種喜歡要求別人終身學習，自己卻絕對做不到學習終身的族群。當這些權威極有可能盲目於自己的專長時，輕信他們，無疑自掘墳墓。

基於上述這兩個原因，我一直相信資訊科學教育成功的關鍵，絕對在師資。只要有心，教材與教具都不成問題。

以 Program the World 兒童與少年程式設計教學計畫來說，我們打算每年出版三到四個開放教材，並搭配數種教具，願意參與教育的同好，未來都可以在我們的網站免費下載所有的資料與程式碼。

然而，師資的問題比教材複雜多了。台灣有非常多優秀的程式設計師，問題是他們可能沒有教學的意願與能力；其次，他們在業界可以賺取高薪與配套福利，但程式教學的工作絕對無法提供同等優渥的條件，如何吸引人才投入教育？絕對是教育單位在全面實施資訊科學教學前必須思索再三的關鍵。

我們需要什麼樣的資訊人才？

最後，我認為我們也該對資訊科學的教學目標有一個明確的想法，我們到底要教出什麼樣的資訊人才？是要透過初步課程，讓學生瞭解自己的興趣，以吸引真正具有天分的學生進入資訊領域嗎？還是希望所有的學生日後能夠用資訊科技來創造能量或解決問題？或者是想培養一堆程式設計師來應付業界的需求？

如果是前者，那根本無須大張旗鼓設定課綱、納入評鑑，只要利用類似 Hour of Code 這類的課程，再授權校內有興趣的老師開選修課即可。若校內有興趣的學生特別多，校方還可以鼓勵他們成立社團，共同研習。我相信只要資源夠充足，生命總會找到自己的出路。

如果是後兩者，那麼幾個學分的程式設計教學恐怕無濟於事。舉例來說，Program the World 兒童與少年程式設計教學計畫在偏鄉的課程就是如此，我的目標不在啟發天才，而是培養技能，讓偏鄉需要的孩子們可以早日脫離貧窮，因此，我們得幫助學生們一步步建立程式設計概念，並且盡早讓他們離開圖形化程式介面，進入文字模式的編寫程式，因為後者才是工作場域必備的能力。

正因為**對我而言，資訊科學教育的目標不在寫程式，而是建立「利用電腦幫我們解決問題」的能力**。如果只會寫程式，卻不會解決問題、發現問題，那麼我們還是會淪為軟體代工國家，與過去的硬體代工並無多大差異。

在資訊科學教育裡，計算思維（computational thinking）才是重點，演算法思維（algorithmic thinking）則是進階的能力，這些都不是修習完「計算機理論」或是「演算法」課程就可以擁有的能力，也沒有所謂標準答案這回事，更不是把大學的課程向下移植就可以的，當然更不用把參加奧林匹亞競賽的訓練方式用在一般學生身上，企圖選拔出選手來「為國爭光」。

因此，我在偏鄉除了教導程式外，也教導學生實作的能力，同時也找尋各方的專家，教導資訊科技以外的技能。也就是說，除了bits，也要atoms。

我的用意並不是讓學生樣樣精通，這只是不切實際、荼害學生的目標，而是讓不同天賦的學生都可以找到資訊科技對他自己的意義，然後運用在自己感興趣的領域。

學生一旦選定一、兩樣他最擅長的技術，就可以利用資訊科技的知識，讓他在專業領域中有更多發揮。

我知道自己的能力有限，要達到這樣的目標，必須結合其他有心、有能的團隊，一起為教育奮鬥。但是放諸四海，這種跨領域的教學團隊並不多見，即使有，也會被優勢社群優先網羅，拉大我前面提過的貧富差距。

從上述種種面向的分析，美國所提出的「每位學生都成功」（Every student succeeds）的計畫是一種遠大的理想，其中需要的配套措施十分龐雜，世界大國無不紛紛在此時採取行動，台灣要如此跟隨嗎？在心態上與實務上，台灣真的準備好了嗎？真的知道自己的方向了嗎？我實在憂心忡忡。

六、啟動東石計畫

東石的楊老師告訴我，如果我只打算去教一、兩個學期，那還是不要開始的好。

我和內人算是會念書的人，如同我們這種認為「把書讀好是做學生的本分」的父母對於自己孩子的成績好壞很難不在意，嚴重一點的話，甚至會延伸到課業以外的其他領域，我也不例外。

名次真的不要緊？

如同很多家長，我也讓孩子去學鋼琴，而與多數家長一樣，我上課去觀課、做筆記，下課後每天督促孩子練琴。這樣的父女功課，甜蜜又辛苦。

而在孩子學了一陣子鋼琴之後，照例也與所有人一樣去參加比賽。但孩子並未因為要比賽而更認真，反而是我這個做爸爸的緊張萬分。因為比賽成績不理想，對我而言是很沮喪的，但孩子卻與平常一樣，開開心心。孩子想繼續學琴，也想要再參加比賽，好像得什麼名次對她來說根本不重要。

我問孩子，「學琴這麼辛苦，為什麼還要學？」她的答案是，「因為我喜歡爸爸陪我彈琴。」

回想起國高、中時，那時因為聯考制度，每個人要競爭的對象是所有參加聯招的學生，但我不但不擔心自己的成績，還願意把我所知道的都告訴同學，因此，雖然很多人都說應付考試很苦，但我卻一點也不覺得，反倒是每次解說問題給同學聽之後，都會有自己更更懂了一些的感覺。那時，我就是念自己的書，玩自己愛玩的事物。到今天，我和我的國、高中與大學同學幾乎每天都嘰嘰喳喳地透過臉書和Line在聊天。我的同學們就是我一輩子的朋友。

反之，現在每一段的升學階梯幾乎都要比校排名，甚至是班排名，因為每一次稍微重要的考試都會計入排名，所以學生與家長在心理上都不敢忽視每一次的考試。

從過去學生真正的競爭對象是外面看不見面孔的一大群人，現在變成每天跟自己一起生活與學習的同班同學，孩子能不在乎成績名次嗎？還願意無私分享自己的讀書心得嗎？念起書來還會快樂嗎？還有時間關心自己周圍的世界嗎？還能夠交到很多一輩子的朋友嗎？

關於孩子學鋼琴，我想我還是會繼續要求孩子彈琴的品質，但是重點是我們都能夠開心地面對比較重要。至於參加比賽所得名次這件事，我更應該放下才是。

競爭的對象是自己，不是別人

一段時間下來，我開始反省，到底我應該鼓勵我的其他學生們「志在參加，開心就好」？還是該批評他們沒有進取心，沒有面對挑戰的勇氣呢？**我們用一個又一個競爭來刺激孩子學習，真的是通盤適用的教育邏輯嗎？**

讓我們回想自己是怎麼長成現在的樣子。義務教育結束後，學生通過排名競爭擠進最好的高中，再通過以考試分數與排名名次的方式篩選淘汰，進入「心目中」能進的最好的大學。我在美國念書時，競爭更是赤裸裸，我曾經眼睜睜看著其他同儕因為表現不佳，所以教授把獎學金挪移給更優秀的學生，他們只好收拾行囊，離開學校。

回台灣後所見，多數教授又進入另外一套競爭的遊戲規則中，寫計畫、做研究、求升等。上位者握有吸引我們的誘因，所以我們申請的研究經費愈來愈多，所需呈報的論文等成果就要更多，行政壓力也隨之愈來愈大。

當政府主導這種「以 KPI 說了算」的遊戲時，**長期競爭的結果，並不是提高我們國家的競爭力，反而耗盡我們真正做研究和教學的精力**。因為多數人在這個制度下，並不是真心喜歡做研究。排名、升等、計畫的競爭把學習的內在熱忱都消磨掉了。

從孩子參加鋼琴比賽的態度上，我有了反省的機會。孩子參加比賽其實不是為了競爭，也不想打壓其他人。她只是單純地認為上台表演、拿個獎盃，是件快樂、有趣的事，這樣的邏輯，有什麼不對？**把動機扭曲的是大人，卻還要強加進取心、**

榮譽感這種大帽子在孩子身上，著實值得非議。

後來我便與孩子約法三章，只要她自己覺得準備好了，她就去報名比賽，以及比賽前要自主努力練習。在參加後，就不要在乎名次，因為**她的對手是自己，不是別人**。比賽是為了讓她更瞭解自己在同儕中的位階，以及前面還有多遠的道路需要努力。

當做爸爸的我改變了對「競爭」的觀念後，在晚飯後的練琴時間裡，我著重的就不再是彈得熟這件事，而是與孩子反覆討論哪一種練習方法才會更有效，音樂才可以更迷人，也就比較少再聽聞我們父女爭執的大小聲。

一位父親的私心

諸如此類的教養樂趣，在我們陪伴孩子成長的過程中隨處可俯拾，我甚至可以感覺到**因為孩子的存在，我自己變成了更好的人**。教育孩子的成就，遠遠勝過學術或行政上的收穫。

在D念幼稚園大班的時候，有一次我去接她下課回家。那一陣子可能因為工作過於勞累，我一進了家門，竟然雙腿一軟，就倒了下來。過了不知多久，醒過來時，就看到Ｄ一臉驚恐，握著我的手，她想哭卻不敢哭出聲音。我突然想到，這麼多年來，我們如同一般的父母親保護著自己的孩子們，從把屎把尿，一直到孩子漸漸長大，以後還要擔心他們的功課與升學，而轉眼間，我都要五十歲了，健康狀況不佳的我，還能夠保護她們多久呢？

在現行體制下從事學術研究與教學工作多年，身為大學教授的我，雖然內心對於所鍾情的學術研究，仍如過去一樣熱衷，但是我也不禁懷疑，我老寫那些鮮少人會去閱讀的論文，對這個世界到底有什麼貢獻？另外，我也想起**聖嚴師父說過的話：「保護自己孩子最好的方法，是照顧好其他人的孩子。」**師父說這話時，我還沒有孩子，無法深刻瞭解其中的微言大義。但有了Ｄ、Ｊ兩小之後，我開始會設想她們未來將面臨到的困難。

好長的一段時間裡，我都在思考如何找到一件我可以做得到的事，而這件事可以幫助更多需要幫助的孩子，讓他們可以脫離生來的困境，如果我真的可以做到，那麼這個社會一定會變得更美好。

既然我無法陪伴Ｄ、Ｊ一輩子，那麼照顧她們最好的方法，就是幫她們打造一個更好的社會，讓她們在充滿愛與關懷的環境中，盡情發揮她們的可能性。

過去，我一直有個奇特的想法，就是這個世界像是一部大電腦，如今，該是幫這個世界寫一些讓孩子們幸福的程式了，於是，二〇一二年 Program the World 計畫正式啟動。這是一個因為愛自己的女兒，所以也把別人的孩子當作自己的孩子來教的計畫。我們希望可以教很多很多的孩子，尤其是比較不幸的孩子們。所以老實說，我貢獻於偏鄉教育的出發點，其實還是出自一位父親的私心。

化小愛為大愛

當時台灣剛開始流行教導小朋友寫電腦程式，而寫程式正好是我的專長，我便開始思索，能不能用自己的專長，更有效率地幫助機構裡的孩子。

功利主義如我者認為，要讓育幼機構的學童得到幸福，第一個條件是要讓他們擁有確保自己衣食無虞的能力，不能讓未被領養的學童在十八歲離開育幼機構後，就為了生活與升學而開始負債、過貧窮的日子。

我知道很多愛心人士會到機構輔導孩子們課業，他們總認為好的教育是學童翻轉命運的機會。但是**我認為提高他們的學科成績，縱然與翻轉命運有關，卻往往緩不濟急**，因為考上好大學雖然是這個社會很基本的敲門磚，但大學畢業後要工作許久，才能還清助學貸款，功課好的孩子，頂多只能因為國立大學的學費較低，因此負擔稍微輕一點而已。

何況，這些相對弱勢的孩子要考上好的國立大學較為困難。**走正規教育這條路，只是讓他們被「貧窮」這個枷鎖束縛得更久**。

我的想法其實很簡單，在我教書的經驗中，有好多程式寫得不算出色的學生，都賺到了比我這大學教授還要高的年薪。在當前這個資訊化的年代，會寫程式就有一定的工作保障，而且起薪比其他行業還要好。

如果我讓機構中的孩子靠著寫程式接案子，就算賺不了大錢，起碼付學費、生活費是沒有問題的，這樣他們出了社會後，就可以跟正常家庭的孩子站在同樣的起跑點上，而不會被學貸拖住腳，在人生的賽局中永遠跑不過其他人。

另外，我也不認為每個孩子都應該要上大學，至少不需要像標準程序一樣，每個人高中一畢業就直接銜接到大學教育，然後又似乎非得念研究所不可。先工作幾年，知道自己的不足，再進大學求取知識，總好過惶惶不知所以地讀完大學卻找不到合適的工作，還背了一身沉重的學貸，來得明智。

尋找合作夥伴

我在二〇一二年底確定了這樣的想法後，就開始準備合適的教案，並著手尋求合作對象。可惜的是，二〇一三年起我們找了一些公立育幼院，他們不知為何對這個提案不感興趣，還要我先寫企劃書讓他們過目；私立育幼院則是直接拒絕我們的協助，他們認為機構的孩子功課都不好，連基礎的的國語與數學能力都不足，哪有能力學寫電腦程式。

然而，在吃遍閉門羹的同時，Scratch 教案已經準備好了，我只好先在系上開班，教導我女兒及同事們的子女。等到這個班的 Scratch 課程都結束了，我還沒找到願意接納我們的機構或社區。

那真是讓人挫折的過程，我準備了整整一年的時間，萬事俱備，就是沒有搬演的舞台。要知道，二〇一三年台灣只有少數人知道教小孩子寫程式這件事，教育部的課綱也還在審查中，要不是美國總統歐巴馬的一席談話，可能要更久以後才會掀起熱潮！

在那段期間，我們系上的鄭憲宗教授好意引領我參加圓桌教育基金會舉辦的「人體使用手冊」研習營，讓我認識了東海大學社會工作系的王篤強教授。會議期間，我跟他提到我想要在弱勢團體裡從事程式教育的心願，以及當時碰到的困難。

王教授告訴我，以他將近三十年從事社會工作的經驗，台灣的育幼機構和原住民部落並不是最弱勢的地方，我應該到「不山不市」（指沒有原民部落特殊福利，也不是編列較高福利預算的城市）的偏鄉去服務。

「偏鄉」？是開車開很久才能到的地方嗎？當時的我對這個名詞毫無概念。王教授指點我，彰雲嘉南與台東等海線的窮鄉僻壤因為經濟活動較少，年輕人外移嚴重，隔代或外配教養讓那裡的學童在課業上缺乏競爭力，無法經由現有的教育體系改變自己的環境，以至於出社會後只能遠離家鄉，從事勞動工作，一代一代，無法翻身。政府雖然已經投入許多資源，但都未見改善，而且隨著幫派和毒品進入，偏鄉的狀況愈來愈糟。

王教授認為，政府只知道發放救濟金，卻給不出一支釣竿，**若是我能用程式教育來協助偏鄉的家庭脫貧，也許才是翻轉偏鄉最根本的辦法**。

現在回頭想想，參加圓桌教育基金會的活動真是冥冥中注定的機緣。我對自己的信仰和未來都有很篤定的看法，很聽不得別人說教，按理是不會參加這些研習課程。但因為程式教學無處啟動，我同事鄭憲宗教授又頻頻邀請，再加上那四天家裡有客人來訪，可以幫忙Lora照顧女兒們，讓我有了出席的理由。

我最大的收穫，當然就是認識了王篤強教授，瞭解自己的認知與台灣的社會現況早已脫節。當我認知範圍內的待協助團體紛紛對我關上了門，王教授為我開啟了一扇光明的窗。

除了王教授外，基金會的江又毅老師也給我很大的影響。江老師授課的內容，其實我多半從師父那邊都已經領受過了，那幾天，我不斷觀察、反省的，反倒是我自己從來不曾想過的問題：組織。

江老師創辦圓桌基金會的起始條件比我差，我起碼是大學教授，有一定的收入及人脈，但江老師一開始只有一個人，口袋也不深。然而經過二十年的努力，他有了組織完善、體制龐大的基金會，這讓我明白，許多事靠我一個人是做不起來的，我必須邀集有能之士一起合作，才能夠讓有意義的事做得更長遠。

前進東石

圓桌研習營結束後，我積極詢問周遭朋友是否認識靠近嘉義、台南海邊的課輔班或教會，結果，因緣就埋在我身邊。

那時正值農曆春節，我回老家時順口向我的哥哥與姊姊打探，沒想到我姊姊就認識東石過溝路得關懷協會的楊萌智老師。我當下就先和楊老師簡單通個電話，並約定開學後前往東石拜訪。

當時我並不知道，路得關懷協會其實是非常好的起始點。除了對台南而言友善的交通距離外，他們的學生人數剛好是我們能夠負荷的程度，加上教會已經深耕東石過溝近十年，與孩子和家長們都有一定的默契，可以在我們教導程式時協助管理秩序。

更重要的是，因為楊老師的先生長期給予經費上的支持，路得教會的工作人員十分穩定，能夠與任何外來團體快速建立信任感，是我們日後推動程式教育上重要的支持力量。

第一次造訪東石時，它完全不符合我對偏鄉既有的想像，偏鄉怎麼說都應該是荒涼落後、頃圮老舊的模樣吧？怎麼那裡的馬路鋪得比台南還要平，一整排全新的路燈林立，看來十分富庶。（不過我後來得知，鋪路立燈後，鄉公所付不出電費，所以路燈無法每一盞都開啟。）

而且，我在大馬路上來回開了幾趟都找不到（我想像中的）路得教會，後來才發現它躲在一間平房裡。原來路得教會並不把蓋教堂榮耀上帝這件事視為首要目標，反而把所有資源都投注在孩子身上，難怪一心只想找尖屋頂、十字架建築的我會迷途。

三個大哉問

我和楊老師第一次見面就相談甚歡。她完全懂得我要推廣程式教學的目的，也答應給允我最大的支持。不過，因為路得關懷協會過去曾接受過一些社會資源，卻時而有不太美好的結局，例如大學生暑期前來辦理的營隊，但孩子們剛剛開始跨過認生的門檻，可以和這些大哥哥、大姊姊玩樂、學習時，營隊已屆落幕時間，大學生回學校繼續他們的人生，孩子們卻得一次次承受分離的痛苦。因此對於想要投身程式教育的我們，楊老師問了三個問題，每個問題都是大哉問。

首先，楊老師想知道學習寫程式對孩子們的升學成績有助益嗎？我很坦白告訴她，雖然現在教育界將多元入學方案喊得震天價響，但所謂的多元只是比較成績的管道變多了，但比來比去，升學比的還是學業成績，現在還多了排名這一項，並不是真的有多元入學的標準。在這樣的情況下，孩子們程式寫得再好，如果學業成績不好，還是進不了好學校。

然而，我也讓楊老師知道，教育部在未來幾年就會推動「特殊選材方案」（事實上，至今已有多所學校率先啟動）。對於特別會寫程式的學生，不論他們的課業成績如何，就可能可以進入好的大學資訊工程系就讀。

未來東石的孩子能不能因為寫了一手好程式，就可以在幾年後進入好的大學就讀，我不敢向楊老師保證，但是只要肯學，實力雄厚，機會還是有的。不過，因為楊老師認同我的想法，知道讀大學並不是孩子們唯一的出路，因此她更希望知道，程式要學多久，孩子們才可以開始賺錢，改善家計。

我的計畫是這樣的，從初學者到可以接案，我認為大約需要五年的時間。案源當然由我來負責開拓，也可以做出APP，或是其他與程式相關的作品上架販售，讓孩子們可以從賺零用錢和學費開始，慢慢累積經驗、信心和能力後，繼而養家活口，甚至在東石安身立命。畢竟**寫程式這種工作只需要有一台電腦跟網路就可以，不必非得離鄉背井，到都市掙著過日子**。

我之所以強調脫貧這事，並非認為階級翻轉靠的是錢，其實在家鄉過得開心，就是翻轉命運了。

從資本主義的歷史來看，以往要過好的生活都得集中到都市，那裡才有高薪的工作機會，但是高密度的人口集中在大都市後，就產生了許多社會問題，生活品質也下降了。

如果我能夠讓孩子們在自己的家鄉創業，例如在東石拿五萬元月薪，比台北賺十萬元的人過得更快活，就不需要非擠到都市去。當大家有這樣的想法與機會時，創新聚落在偏鄉就可以創造經濟活動，屆時偏鄉的孩子由他們自己教就好了，教育人才培育及社區再造也都可以順勢完成。

當然，在我計畫的五年後，學生頂多只能獨善其身，還不足回饋鄉里，因此要多教幾代學生，直到他們有人可以在東石接手，才算真正完成一個社區的脫貧革命。

我本來打算先開個頭，再找人來接手，革命的成功，不必非得在我。沒想到楊老師接著問我，打算投注多少年歲在東石。

就算耕耘沒有收穫……

楊老師問這話時，心裡已經設定了目標。她明白告訴我，如果我只打算去教一、兩個學期，那還是不要開始的好。

孩子們需要的是長期的陪伴，不是蜻蜓點水式的教學。事實上，在楊老師眼中，教孩子們什麼科目，不是她考慮的重點，只要我們願意付出心力與時間，大家就是夥伴。楊老師讓我瞭解到，這個偏鄉教學計畫的執行期限與一般科技部的計畫不同，它不是一年、三年，甚至也不是五年的時程，而是一份十年、二十年，甚至更久的工作。

那時，我的腦海裡還惦記著，我學術研究生涯還沒有出現足以揚名立萬的代表作，我手上還有許多想要做的研究，而且我與同儕合作的一篇論文，還非常難得登上TCAD期刊，值得我們繼續努力。再加上鴻海集團對我們團隊手上的某個技術很有興趣，想要投資我們到矽谷去創業。對當時即將跨過半百的我，這些學術名聲與財富成就，還是非常大的誘惑。我當下無語，只要求她讓我回去考慮。

回家後，我和Lora商量了幾天，她非常明智地幫我釐清了難題。原因不難理解，但是當局者迷。參與創業是一件既耗體力又艱辛的過程，以我自幼並不強健的身體狀況，年紀也接近五十歲了，這是一個可能會讓我賠上健康的不可能任務。

她這樣潑我冷水，倒也不是為了替東石拉票，因為她隨後問了我一個非常關鍵的問題：「只要你繼續做研究，就會有名聲及可能隨之而來的其他好處。做研究有相當程度是『一分耕耘，一分收穫』的事；但是教育上的成果卻是不可預期的，不知道何時才會開花結果，而且有可能是預期中A的成果遲遲不見，可是B成效卻已經萌芽成長。總之沒有付出，肯定沒有收穫。如果你在偏鄉教了幾年，都沒教出一個可以靠寫程式養活自己的孩子，你會後悔嗎？」

她真是一語中的，知道如何挑中我的痛處，逼我直視自己的信仰。我是個講求效率與使命必達的人，生活兢兢業業。身為一個工程師，我能夠忍受自己付出心力，卻未能達成目標嗎？

於是，我反問自己，難道我是因為希望至少有些孩子的人生會有所改變，才想要做這件事嗎？難道我們的陪伴，只為了讓孩子以後可以靠寫程式營生而已嗎？如果我做這事就只是因為我想要做這件事，一切不就簡單多了？

楊老師的提問之所以讓我覺得那麼為難，是因為我認為自己得要犧牲點什麼，才能成全東石計畫，所以才會有權衡、比較，以及值不值得的種種算計，這是個永遠不會有標準答案的問題，沒做下去，不會知道結果如何。我其實只要下定決心，告訴自己，不要管成果，放手去做吧，這就夠了。

我想起師父曾引用虛雲老和尚的話說：「空花佛事，時時要做；水月道場，處處要建。」世間本是空花水月，眾生就是菩薩道場。對老師而言，學生就是道場，正如同離開了眾生，就沒有菩薩，離開了學生，也沒有老師。

我需要先放下有所求的心，才能夠有所得。如果最後完全沒有一個孩子的命運被改變，那只有一個可能，就是我們做得不夠好。

我願意一直教到退休

我的實驗室有句銘言，是我從電影《魔戒》中借來的。佛羅多告訴精靈女王，他無法摧毀至尊魔戒時，女王告訴他：「你是個注定孤單的持戒人。如果你做不到，那就無人能夠做到了。」我把劇中的「你」改成「我們」，未來雖然看不見，但我必須相信，假如我帶的團隊（我們）沒有辦法把這件事做好，就沒有人能做得好了。

同樣是《魔戒》裡的對話，山姆告訴佛羅多說：「在經歷過這麼多不好的事之後，我們怎能相信世界會回到美好呢？」故事裡的主人翁有很多機會轉身逃開，但是他們沒有，因為他們相信這世界上一定有美好的事物值得自己去奮鬥！我想，這應該是我這一生中所能做出的最美好的決定了。或許聖嚴師父在當年就已經料到了，所以才會對我說在家可以度更多人吧！

幾天後，我對 Lora 說：「即使將來沒有一個東石的孩子因為我們到來而翻轉命運，我也願意一直教下去。」

Lora 鼓勵我道：「你想太多了，假如你真的盡心盡力地去教孩子們，這種事怎麼可能會發生呢！」

一個星期後，我篤定地回覆楊老師，我會負責在東石的資訊科學課程，一直到我退休為止。如無意外，那至少是十五年後的事。

F、成為「重要他人」

陪伴孩子，成為他們在面臨人生關卡時會想到的那個人，這比教導他們任何技能和哲理，都來得重要。

我之前提到在紐約差點行竊的往事，但那其實不是我離地獄最近的一次。快要退伍前，我被一位摯友背叛，當時年輕氣盛，一心只想報仇。我趁著休假日揣了把刀子，夜裡躲在他家巷口的電線桿旁，希望堵到返家的他，在他身上捅幾個傷口，用他的鮮血補償我的心傷。

逼視自己內心的獸

那是一個天清月明的夜晚，月光將他的身影拉得長長的，長到疊在我的身上。我和他的影子一起躲在暗處，血脈賁張地等著他走完人生的最後幾步路。

就在我準備出其不意奪其性命，索討自以為是的正義時，握刀的手忽然一陣痠痛，讓我險些握不住凶器。

那種痛，讓我記起小學時孫老師逼我踢毽子、練身體時的痛，以及國中的王老師用藤條抽我，避免我被記過的痛。

我人生中的「重要他人」一瞬間都聚到了我眼前，那些浮光掠影在我腦海中快速奔騰。我忽然驚覺，自己差點辜負了他們早年的教誨，不禁嚇得跪倒在地，冷汗滿襟。

而他，他慢慢走過我身邊，慢慢走回家去，完全不知道剛剛和死神擦身而過。

人性的底層，其實充滿黑暗，**我這樣的知識分子都曾行過地獄的門前，社會上多數的人未曾有機會逼視自己的黑暗底獸，竟以為自己和那些罪該萬死的殺人者在本質上完全不同——在我看來，差別只是運氣好壞而已。**

偏鄉孩子，極可能就是運氣不好的人，萬一他們日後跟我一樣來到了地獄門口，我希望他們當下能夠想起我，想起這位曾經陪伴過他們的阿伯教授，哪怕只有一秒鐘，也許就有機會及時對犯行喊停。

因為一旦跨過了地獄之門，就再也沒有回頭的可能了。

陪伴，是最重要的一件事

到今年年底，我們在東石過溝的課程就將屆滿三週年。三年多前，我的想法是培養孩子寫程式的能力，希望他們有一天能夠用這樣的能力養活自己，翻轉人生。一路走來，我慢慢加入群眾募資的做法，希望串聯廠商與企業，為孩子們示範實踐夢想的方法，同時也建立一套可以靠著商品獲利、盈餘不斷回流社群的永續計畫，讓Program the World 的理想可以慢慢實現。

這是個可以擴及五個世代的計畫：十幾歲的國高中生、二十幾歲的大學生和社會新鮮人、三、四十歲的業務和工廠作業員，以及五十歲以上的工廠老闆們，只要計畫生生不息，五個世代的命運都會被攪動起來，大家一起努力，一起踩動腳下的世界，一起脫離停滯的經濟死水。

然而——如果沒有這個「然而」，世界未免美好得太過虛矯——即便我將資源帶入偏鄉，即便我傳授偏鄉的孩子許多知識，即便孩子們有了長大後養活自己的能力，他們的人生還是面臨了許多問題，而「會寫程式」這件事完全無法解決他們的困境。

他們會暗戀或失戀、會對信仰失望、會得不到同儕的肯定、會找不到人生的方向。成長是苦痛的過程，我在教學的過程中，數度感受到他們既想要掙脫青春的蛹殼，又害怕社會現實的摧殘，種種矛盾拉扯著他們，就像當年拉扯著懵懂的我一樣。

三年了，我總算想清楚了一件事。陪伴孩子，成為他們在面臨人生關卡時會想到的那個人，這比教導他們任何技能和哲理，都來得重要。

就像孫老師之於我，就像我之於東石和岡林的孩子們。如果社會每個人都成為其他人的「重要他人」（important others），我們的社會怎麼會沉墜不興、悲劇不斷？

也許你會說：「我連獨善其身都有困難了，如何兼善天下？」問題是現代化社會糾結複雜的程度，已經無法讓任何人關起門來過自給自足的日子。如果日常生活充滿無法預期的危險，誰能夠置身事外？就像聖嚴師父說的，唯有照顧好別人的孩子，自己的孩子才會有好的生長環境。也就是說，唯有兼善天下，才能給我們獨善其身的餘裕。

讓我們從最實際的經濟面向來看，諾貝爾經濟學獎得主海克曼（James Heckman）早就預估，投資兒童早期教育所產生的報酬率，會超過股市的長期報酬率。

其他**社會學家也指出，忽視家庭貧窮、教育背景較差的孩童，會讓我們付出高額的成本，包括這些孩童長大後減少的生產力、犯下罪行的社會代價，以及因為缺少健康知識而增加的醫療經費**，以美國的例子來說，這些成本每年約為五千億美元，相當於每位納稅人要支付一萬四千美元①。

雖然我沒有台灣的數據，但我相信台灣的納稅人要為台灣那些家庭或教育風險較高的孩童所承受的負擔，絕對也是一筆龐大的數字。只是這筆錢不是一下子從我們口袋中掏出來，所以大家比較沒有感覺。

而且，就算我們對這些現象視若無睹，問題既不會自動消失，也不可能與我們無涉，所以趕快放下那支只掃門前雪的掃帚，多多關愛身邊需要溫暖和陪伴的孩童

①參考自《階級世代》一書（衛城出版，二〇一六年三月，二九四－二九六頁）。

吧！

讓孩子適性發展

因為有了成為「重要他人」的體悟，我因而改變了程式教育的教學方針。對於那些一再努力還是無法通過晉級考試的孩子們，讓他們學習網頁設計或是電腦繪圖、3D建模等應用軟體，同時我也在尋求其他領域專家的協助，讓課程更豐富。

因為我擔心他們在寫程式的過程中一再受挫，最終會選擇離開我們的教學團隊。因此，對那些有學習能力的，我們教技術，對那些學不來技術的，我們就讓他們放手好好玩，重點是我們可以一直陪伴他們，同時也讓學習能力較好的學生去指導能力弱一點的孩子，他們既可以賺一些獎學金，也可以在教學的過程中讓自己變得更強大。

雖然，這樣的方向修正使得團隊必須製作新的教材、募得新的設備（如3D印表機和耗材），用更多人力開設更多元的課程，但能夠盡我們的一份心力，陪著孩子長大，讓他們適才適性地發展，比什麼都重要。

請容我強調，**偏鄉的父母**或許因為自身的種種限制，因此未能給予孩子完整的支持，但這不代表他們不愛孩子。事實上，很多家長愛護孩子的方式與都會裡的家長並沒有不同，**甚至會因為自卑的心態——「抱歉，讓你們在偏鄉生長」——而做出超過他們能力的補償**。例如，過溝的孩子幾乎人手一支智慧型手機，有平板電腦的學生也不少，儘管家長每個月的收入是那麼微薄。

當然，偏鄉也有完全忽略孩子、放任他們自生自滅的家長，但都會裡不也一樣有放學後就被安親班接走、自己拿鑰匙開門回家、幾天都看不到家長的孩子！問題出在父母有沒有自覺，而不是環境的品質。

偏鄉是社會經濟的事實，但他們世世代代無法脫離輪迴，則是因為想法已經固化了。所謂的「偏」，是偏頗的偏，而不是偏遠的偏。只要是教育資源高度不平等的地方就是偏鄉，所以嘉義有偏鄉；同樣的，台北市裡面一樣有偏鄉，偏鄉的所在地點與都市的物理距離沒有絕對的關係。

我們需要不斷提供偏鄉孩子新的東西、新的刺激，只要孩子跟得上，我們就送他們去看這個世界。這是一生二、二生三、三生萬物的過程，可能性太多了。只是它不是一條現成的路，一眼看不到未來，只能一步步埋頭努力，去實踐我們想像中的那個可能。

這又要說回到我最喜歡的卡通《獵人》。在世界樹上，小傑問久違的父親在追求什麼？金說：「我在追求眼前看不到的世界。」因為眼前看不到，所以要有一定的遠見和自信，才能一磚一瓦將想像的世界建構出來。

我覺得自己現在在做的事，正將我帶向人生最精采的一段旅程，因為過往那種菁英式的想像和理解受到很大的挑戰，我才能夠推翻那些不知不覺嵌進我的腦袋，但已經不適合這個世代的想法，在人生半百時轉個彎，步上這段意外的旅程，看見更多綺麗的風光。

給孩子更多的可能性

至於是怎麼樣的綺麗風光呢？我來舉兩個例子。

二〇一五年的寒假營隊，孩子們在台南借宿的教會剛好有幾盒桌遊。第一次接觸到這類遊戲，孩子們愛不釋手。即便有些桌遊的複雜性需要我花一番力氣才可以理解，但孩子們卻願意自己研讀好幾頁說明書，理出遊戲的規則，玩得廢寢忘食。

後來我找了個機會買一盒（他們自己選的）桌遊，讓他們帶回東石去。因為我慢慢慢發現他們對桌遊並不是三分鐘熱度，於是鼓勵他們，何不做一套自己的桌遊？半年之後，「三界之亂」問世了。

讓我驚訝的是，以他們在桌遊方面的「資淺」，居然不是交出簡單的作業，而是複雜的「三界之亂」。這個遊戲以孩子們在奇美博物館看到的歐洲中世紀武士盔甲為發想，虛擬了一個世界。遊戲既需要合縱連橫的思維，又有運氣好壞的趣味，光是說明書就長達十六頁，兵棋多達七十三支，還有地界卡、魔法卡、裝備卡等紙牌，遊戲配備眾多。因為計分方式太過複雜，孩子們還寫了個 **APP** 程式來幫忙計量，如果這款桌遊真的量產，不知道要訂什麼樣的天價，才能夠回本。

在製造桌遊的半年中，孩子們每週都騰出一、兩天的時間開會討論。前期有人負責故事場景，有人負責角色設計，後期則就電腦繪圖、3D 列印、遊戲說明書編撰及 **APP** 程式設計等各有專人負責，合作看似無間。但等到遊戲的雛形出爐，大家開始試玩後，就發現規則間有所矛盾。

然而，修改的事是牽一髮而動全身的，改了規則就得改設計、改 **APP**，這樣來來回回修改數十次，開始有人翻臉，覺得「不好玩」，要退出；其他人好不容易勸回了這一位，又換成另一位要退出。

總之，國中生該怎麼鬧脾氣，他們就怎麼鬧彆扭，害我這個半百阿伯不時就得出來調停、勸和，累得我也好想說：「我也要退出！」

其實，**學習成就低的孩子不見得不聰明，而是他們的性格上有不利於學習的狀況**。學習需要的不只是理解的智力，還需要讀書的紀律。學科成績好的孩子多少有點強迫症，或是父母要有強迫症，他們習於在「追求完美」的過程中，滿足自己的成就感。

在我試圖幫助孩子收斂發散的想法、創造出具體的遊戲作品時，我需要孩子們發揮類似讀書需要的紀律，要設定目標、要遵守進度，更要反覆練習，孩子們因此覺得「不好玩」，這是我可以理解的，是我這個大人讓遊戲變得不好玩了。

不過想想看，這樣四位才剛接觸一個新領域的孩子，居然可以在半年內交出這款不可思議的作品原型，儘管過程有衝突、有矛盾、有退縮，但共同的目標讓他們克服萬千困難，我們怎麼能夠低估孩子的潛力呢？

在專業師資（製作桌遊的知識是南台科技大學楊智傑教授所授，3D建模與列印是To.Gather創客空間的楊翔文老師教的，讓孩子們體會電腦繪圖也需要運算思維的則是中華民國軟體自由協會的孫賜萍老師）及他們本身無限創意的情況下，身處偏鄉、課業成績低落等等限制，再也束縛不了他們的可能性。

我鼓勵孩子們把「三界之亂」桌遊作為第一款完全由偏鄉孩子自力創作，並接受群眾募資的案例，如果順利成案，這個作品的收入將作為回饋教會的第一個成果。

寫程式的能力是無形的，這個遊戲卻是一個有形的東西，它是我的寶物，我希望也是孩子們的寶物及人生重要的支柱，日後他們遇到任何困難，也許可以因為想到這個經驗和作品，而找到奮鬥下去的力量。

誰說人生不能做大夢？

另一個例子與升學有關。這一屆（一〇四學年度）的國三生剛剛收到會考的成績單後，過溝有個孩子問我，如果他選擇技職學校就讀，將來可以到台南成大當我的學生嗎？

我怕潑他冷水，一時語塞，不知如何回答。

過去，技職體系的高職要升學，都是進入技職型科技大學，要直接考進成大，除非學業成績夠頂尖。但所謂的「成績頂尖」，通常表示需要很會死背，願意做各種重複的練習，這樣一來，勢必抹煞掉孩子們學習的興趣。

我左思右想後，建議他（以及其他有類似目標的孩子）先好好念完高職，同時將未來升學的目標，設定在台南周邊幾所不錯的技職體系大學。我有一些志同道合的朋友在這些學校教書，深知孩子們一定會受到很好的訓練，之後再用這些大學的畢業證書來考成大的研究所。經由這樣的途徑，要成為成大的學生，機會就會高了許多。

孩子聞言蹙眉，顯然「念研究所」這事完全超出他對人生的想像。但是孩子啊！誰說人生不能做大夢呢？他們甚至不用擔心學費的問題，只要好好學習我們設計的課程，上了高職以後，他們就可以擔任 **Program the World** 基礎課程的助教，甚至講師，我會一點一點幫他們存好就讀大學的教育儲備金。

進入大學以後，他們理應有更強的能力可以接案子，協助我做研究或在外兼課，這樣又可以儲備就讀研究所的經費。只要他們願意讀書，**Program the World** 一定會鼎力相助。

一個孩子是如此，十個孩子，我們也不會嫌累，等到有三十個、五十個孩子都因為具有程式設計的能力，而讓人生多出許多可能性後，這三、五十個充滿希望的家庭，難道還不能分別改變偏鄉東石和岡林的命運嗎？

這位提問的孩子由年邁的阿公單獨照顧。他曾經說過，這世上能夠讓他信任的人，只有阿公、教會的雪嬌老師、楊萌智老師及我。

這話聽來教人心酸。這孩子受傷之深，居然如此不信任這個世界，然而這話又給了我無限的安慰，像我這樣一個原本與他毫無關係的阿伯，居然可以支撐起他四分之一的社會支持系統，並讓他願意在升學這麼重要的議題上，詢問我的意見。

這樣的成就（請原諒我忍不住要炫耀一下），**遠比論文登上國際期刊、申請通過高額度經費的科技部計畫案，或是得天下英才而教之，都來得更重要**。這表示我又多了一塊磚瓦，可以去建造那個我眼下看不到的世界。

而我衷心希望，當每個人都願意經由成為別人的「重要他人」，而燒塑出一塊磚瓦時，我在有生之年，也許可以親見那個美麗的世界。

七、孩子們的護心盔甲

一年多前，我終於了解，為什麼老天爺要在我的手上留下一記傷痕。

認為孩子們的世界是純真無邪的人，也許可以讀讀《蒼蠅王》這本書。我年紀大一點後讀了《蒼蠅王》，雖然覺得高丁也許有一點寫過頭，但基本上偏離事實不遠。

在孩子的世界裡，對較為瘦小的孩子有欺侮的行為，是常見的。D在學校裡也遇過被特定同學拳打腳踢或排擠的狀況，但也有同學會跳出來維護她。還好她生性樂觀，我們也會適時處理，沒造成她心理上太大的問題。

從幼稚園開始，我應該就是個討厭鬼。基於好奇，我會去拉女同學的辮子，這也是我第一次在學校被修理。我瘦小又常生病請假，算是班上比較特殊的存在。在我模糊的記憶裡，被推擠、被隔壁座位的同學打，我在同學背後推他們，這些事都發生過，不過，發生頻率有多高就不記得了。但是我中指上有個很深的刀疤這件事是難以忘記的。

那時，我常在下課時間在教室裡跑來跑去，因此撞到同學的桌椅是很平常的事。那一次事件的開端也差不多，不同的是，這位同學不知道是因為氣憤，還是玩笑，他拿著手上的鉛筆刀對我揮過來，我下意識地用手去擋。刀子劃破指肉，登時鮮血迸出。

周圍亂糟糟的，很多人講話，但是我大部分都聽不懂。一時之間，也沒人來幫我。刀子的主人剛開始時愣了一下，然後就趕緊跑開。我站在原地，不知如何是好，連衣服、褲子都濕了，接著一位綁著辮子的女同學手上握著一把青草跑了過來。她把青草裹在我的手指上，然後陪著我到保健室。

將近五十年過去了，我手上的刀疤依然鮮明。

過去幾年的 Program the World 在教學過程與學生的對應上，並不是一直都很順利。我記得剛開始時，有一位學生足足有幾個月根本不願意正面看我。我常常坐在他旁邊，蹲在他旁邊。有時候，因為方便，就跪在他旁邊，幫他解決問題。

聽一次就掉一次眼淚

不過，從很早的時候，我就注意到他的手上有一道很長的刀疤，大概比我的刀疤長了有十倍之多。我沒問他刀疤的由來。日子就這麼過去了大半年，他從不理我，到願意聽我的指示。他進步很快。

我跟老師說，這孩子很聰明。老師卻說，他應該算不上聰明，功課不是太好，又常常喜歡自己一個人躲在角落裡，不太搭理人，朋友也就那麼兩、三個。

又過了幾個月，老師向我提起孩子們的背景。我聽老師講起孩子們的辛酸過往，那真是聽一次就掉一次眼淚。我問起手上有刀疤的孩子，老師說，「他就是嘴巴壞，其實人不壞！偏偏個性很倔，一點也不讓人，所以在學校與人起衝突是常有的事。因為矮小，每次都吃虧。」我問起那長長的刀疤，老師也不知道那是怎麼來的。

後來，有一次我坐在他身邊，把右手的舊傷疤給他看，說了自己的往事。他淡淡的說，「這沒什麼啦！」說著就用左手把右手蓋住，看樣子是不願意再說下去了。

但自從那次閒聊以後，我們師生的關係越來越好，好到都可以搭肩拍背了。現在，他會主動催其他同學來做作品。當我生病時，他還會以老大哥的口氣要我多休息。

老師們時而問我，我為什麼會這麼懂孩子的心。一開始，我也答不出所以然來。但是隨著時光流轉，我開始回憶起自己從幼稚園到國中畢業這十年的時光。國小一、二年級的日子不知是怎麼度過的，三、四年級時靠老師、同學的幫忙而有起色，但五、六年級與國一時又遇到很多不好的事，而國二升國三，一直到考完高中聯考那段時間，更是波濤洶湧。

這十年間，《蒼蠅王》的幽靈時不時就會從我的心裡跑出來，我才終於體悟，**成長的過程，對很多孩子來說並不是那麼的愉快**，尤其是對那些在群體裡顯得不一樣的孩子，但我們卻又都必須在屬於「蒼蠅王」的荒島上活過來，然後試著長大。在這過程之中，**假如沒有父母、老師、朋友的幫忙，傷痕累累的心會讓一個人一輩子都處在暗黑之中**。

高中開始，我的人生才算是邁入一個新的階段。並不是就沒有煩惱，但是小時候困擾我的那類事情，一件也沒再發生。

手上傷痕的意義

當時間來到一年多前，我才終於懂了。原來上天要在我的手上留下一記傷痕，是因為祂知道有一天我會遇到這樣的孩子，而當我面對這樣的孩子時，我將能用同理心去對待他。雖然孩子們經歷過的事，我不可能也全經歷過，但總有那麼一件事是某個特定的孩子與我之間的默契。就是這樣的默契，讓我願意留下來陪他們長大。

楊老師常對我說，「上帝用不可思議的方式行事」，「上帝自然會把最適合的人帶到我的身邊」。現在我是真的信了。

在《遠見》雜誌幫我拍的那部十幾分鐘的短片的最後，我說，「人是靠回憶與愛在過日子的。」當孩子願意接納我的那一刻，我不再認為以前的遭遇是一種老天對我的折磨。**老天在我身上留下的印記，在數十年後，當我在偏鄉時，就變成我的護心盔甲，也變成一件隱身衣，讓我可以取下來，幫孩子把傷口變不見。**

讓他們知道這個世上還有人了解他們，關心他們，等有一天他們長大，他們身上的印記也會變成屬於他們自己的護心盔甲。

G、期待功成身退的日子

如果因為 Program the World 的媒介，每個孩子都能遇到影響他們一生的老師，Program the World 遲早都會迎來功成身退的一天。

Program the World 協會在內政部立案後，我們對於偏鄉教育的許多想法陸續上路，然而進入教育現場，認識更多基層教育人員後，我們很快就發現自己的想法太不切實際。

台灣偏鄉的孩子需要很多的陪伴，以 Program the World 有限的人力，我們很難快速複製東石和岡林的經驗。然而，類似的偏鄉在台灣不在少數，我們花了三年多才耕耘了兩個地方、不到兩百個孩子上過課，每思及此，我們就心急如焚。

為了擴大程式教育的師資群，Program the World 在二〇一六年暑假於成功大學舉辦了八天的師資培訓營，將我們已經在東石和岡林施教多年的課程傳授給有心投身偏鄉程式教育的志工朋友們。但是，課程內容過於龐大，對那些不是資訊本科的朋友來說，實在無法招架，十個有九個提早陣亡。雖然說教育應該不計成本，但這十分之一的成功率，遠遠無法因應台灣的現況，用速成的方式訓練師資顯然不是個正確的方向。

另外，我們也發現，政府為了解決偏鄉師資不足的問題，提供了一定的外在誘因給願意前往偏鄉執教的老師。然而，遠來赴任的老師對當地沒有認同感，機會一來，便想要調職，師資流動成為偏鄉教育的另一個問題。以外在力量協助偏鄉的方式，終將因為外在力量的消失而讓偏鄉愈趨弱勢，過去三年來，Program the World 的現場教學方式也是類似的做法。

如今，Program the World 認為，與其訓練外地的老師進入偏鄉，當一名有愛心的過客，不如訓練願意長久在當地耕耘的老師，強化偏鄉的教育框架，讓孩子受到最親近的照顧。

同時，我們傾力成為老師的夥伴，讓他們不必在傾斜的教育環境中單打獨鬥，從淺顯易教、壓力不大的課程開始，逐步讓老師感受到資訊科技課程的趣味，這也會為教師提供內在的動力，讓他們願意留在偏鄉，成為孩子的「重要他人」。

說真的，Program the World 並不想把每一個孩子都訓練成程式設計師，打造一個溫暖、有趣、良性互動、同儕競合的學習環境才是重點。孩子們不必知道我們是誰，只要牢記在他們成長的過程中，家鄉有幾位老師全心陪過他們就足夠了。

因此，我們希望借用企業盛行的 TTT 方式（Train the Trainer），訓練在地的人才，讓革命在每個「在地」開花，從根本處翻轉未來。

Program the World 將成立一個媒合的平台，只要偏鄉的老師或當地有能力的人願意每週騰出一、兩個下午，帶領偏鄉的孩子學習電腦程式設計（或是其他任何我們所提供的開源教材與教具），我們就會提供簡單的課程訓練，讓老師可以牽著孩子的手，走上改變未來的道路。

同時，我們也會媒合願意一次提供至少兩年資助的企業，讓老師將補助支用為點心費、文具費、教材費等。更重要的是，Program the World 本身或是贊助企業也會定期派人到偏鄉協助，一方面精進老師的專業能力、解決他們的教學問題，一方面關心老師，讓他們知道所有的付出都有專業團隊作為後盾。如此一來，老師會比較願意長期留在偏鄉奮鬥，為孩子的未來而努力。

同時，我們也在東石啟動兩個試驗做法。程度優秀的孩子會受邀在寒暑假期間到台南參加為期八至十天的營隊。營隊期間將以專案訓練的方式，提升他們程式設計及至少另一類專長的能力。另外，他們進入高中後，我們會請他們擔任教學助教，再以擔任的時數換算時薪，為他們支付未來進入大學就讀的部分學費；這些進入大學的孩子除了會受邀回鄉擔任講師，我們也會設法協助他們在業界找到實習的機會，用一切方法鼓勵他們努力向上。這麼做都是為了讓孩子們願意回家，也讓他們有能力回家。

我們相信，孩子因為受到關心，對故鄉會更有感情，是這種 bonding，讓孩子知道自己所有的成就都是家鄉栽培的，他們才會願意在學成之後返鄉打拚。

唯有第一代的孩子把經濟活動帶回偏鄉，第二代的孩子才不用離開偏鄉，第三代的孩子，才能讓「偏頗之鄉」這個名詞在台灣地圖上從此絕跡。

過去，台灣因為經濟活動的集中，犧牲了許多小型鄉鎮的發展。然而我相信，因為網路的發達，工作機會不再需要集中於都會地區，這個世代正是打破資本主義魔咒、重建資源分配正義最好的時機。

要把握這個時機，需要先培植在地的力量，讓每個鄉鎮成為孩子的錨點，不管出外求學、受訓、入伍，最後都會把生命的船隻開回家鄉的港口下錨。

老師是孩子們遲來的父母（偏鄉的老師更是如此），而 Program the World 則是老師的後盾。

未來，我們將慢慢褪去主角的色彩，轉而承擔搭建舞台與擔任檢場的工作，這個舞台讓老師揮灑愛心、諄諄善誘，讓學生青出於藍、光耀家鄉。

如果因為 Program the World 的媒介，每個孩子都能夠像我一樣遇見影響他們一生的孫先秦老師、王錦標老師、曾慶男老師，而孩子們長大後，又成為別人的孫老師、王老師、曾老師，Program the World 遲早都會迎來它功成身退的一天。

這一天，我們撥雲見日，台灣再也不需要 Program the World。

【後記二】

兩個理由，支撐我一路走來

最近，我看了日本推理作家東野圭吾的《解憂雜貨店》，書中雜貨店老闆浪矢爺爺長期助人在生命的關卡做出選擇。他臨終時交代兒子，務必在三十三年後設法通知所有曾經接受過「諮商」的人來信，讓已故的爺爺得知，他的意見對那些人的人生產生了什麼變化。

這部小說讓我動容，是因為我也好希望日後有人可以告訴我，這麼些年以來，我幫學生、幫 Program the World 的孩子們做出的判斷與決定，有沒有讓他們後來的人生變得更美好？身為老師，我沒有預見未來的能力，我只能就當下的智識，躊躇地、猶豫地指導他們。二、三十年來，我不斷犯錯，也不斷後悔，我不是聞聲救苦的菩薩，如今，我只是想努力做個懂得反省的凡人。

Program the World 漸漸做出一些成績後，我接受了一些採訪，很多人都告訴我：「蘇教授，您真是太偉大了。」每聞此言，我總是愧疚無比，因為我內心的脆弱和無知，我自己最清楚，和「偉大」二字，我是絕對沾不上邊的。

我有太多次因為疲累或因為進一步認清自己能力的極限，而想要放棄。不諱言地說，Program the World 能夠支撐超過三年，而且，我會繼續支撐下去，主要是因為兩個愚蠢的理由。

第一個可笑的理由，因為我怕丟臉，我怕別人以那種 I've told you so. 的嘴臉說，「早就知道蘇文鈺堅持不下去啦。」屆時，我曾經高談過的所有理想、規劃都會被人起底，成為永久的笑話。而且，我若放棄 Program the World，要如何面對那些只因為相信我，就一路提供人力、物力、財力支援的朋友們？

另外一個痴傻的理由是，我愛我的女兒，我太在意女兒們對我的看法。

我一直在思考，一個父親能夠留給女兒最好的禮物是什麼？我的父親是個傳統的父親，他一直活在自己的價值裡，全心全意栽培子女，眼中只有世俗利益與兒女成就。他給我許多物質上的滿足，但在精神生活上，我們父子倆從來就沒有共識。

相對地，我祖父不曾留給我們任何實質的東西，但只要想到他，我腦中出現的都是美好的畫面，我們兄妹到現在都還以一位毫無作為的祖父為榮。

我很在乎我自己被女兒們記住的樣子，我是要花很多時間陪伴她們？還是給她們很多物質享受？在我故去之後，她們會記得我是個疼愛她們的爸爸？還是要像我祖父那樣，做一個懂得回饋社會的人？將來能夠喚起她們記憶的，不只是她們印象中的爸爸，還有別人口中的蘇文鈺？例如，她們長大後還可以在YouTube上看到我當年做過的事，或者從出版社發行的這本書，知道我做這些事的前因後果。我希望她們做個好人，但我又怕她們不知道好人是什麼樣子，所以我親身替她們做個可以企及的模範。

對我和Lora，我們提供給女兒們一個家，作為她們未來人生精神支柱培養的基地，這是小愛。有時，她們會抱怨我在家陪伴她們的時間變少了；即使在家裡，也常常在工作。但是我們也讓女兒們知道，爸爸媽媽不是她們專屬的，我們是用愛她們的心，去做我們在偏鄉做的事，讓更多的人可以愛他們所愛的人。如果她們能夠耳濡目染，有能力時，離開我們的羽翼去幫助別人，那她們也就把對我們的小愛擴充為大愛了。

當每個平庸如我們的家庭都這樣做時，台灣要變得不一樣，好像也就沒有那麼困難了。

【後記二】

蹲下來！

蔣文錦

讀過《聖經》的人，也許都知道耶穌幫自己的徒弟洗腳的故事。

二〇一二年，我起心動念要去偏鄉或是育幼院，教小孩子學程式設計。二〇一三年，一些事開始就緒。有一次，我到台北拜訪老友吳鳴（彭明輝）教授，跟他說：「我要去教弱勢家庭的孩子學程式設計。」

彭老大當下義正詞嚴地對我說：「我們有什麼資格用『弱勢』二字來形容人家？說不定我們自己才是真的『弱勢』呢！」

我當下冒了一身冷汗，因為彭老大確實是對的。

當我們用「弱勢」二字時，有意無意、隱隱約約之間表達的是一種「給予」

的、「上對下」的、「有對無」的、「同情」的……等等的想法。這幾年來，我在演講時，難免必須用到「弱勢」二字，這是為了讓大家容易理解。因為社會大眾，閱聽人、媒體等等，習慣這麼用，我若是不這麼說，怕大家一時之間會意不過來。不過，每當「弱勢」二字出自我口時，我總是想起彭老大的告誡，心中就會一陣顫抖。

所以 Program the World 漸漸不再問來協會上課的孩子，「這個孩子的家庭富裕嗎？貧窮嗎？」對我們來說，只要學生來到我們的面前，不要廢話太多，我們就教他吧！盡我們所能，讓他在這裡感受到快樂，而不要讓他失望地離開。

身為老師，也許在很多時候，我會用嚴厲的語氣對待我的學生，但是在我的心中，我是感謝他們讓我有這個機會，與他們成就師生緣分。在他們畢業之前，我是老師。他們畢業之後，我是朋友。

幾年下來，大家屢屢會在影片裡看到我蹲在，甚至跪在孩子們的身邊，幫他們解決程式上的問題，知道我腰、背痛的人都跟我說，事實上，我不必這麼辛苦。但，因著彭老大的話，我了解到，不管我要教的對象是研究生，還是小學生，不管在心理上，還是現實裡，我都必須採取比他們低的角度來對待他們。不要讓他們仰望，而是我平視或抬著頭看他們。用同理心，不厭其煩、不怕麻煩地來幫助他們成長。不因為我們的地位、學識、年紀、經驗等等比他們高，就在心裡不知不覺地視他們為「弱勢」，抬高姿態來看待他們，甚至拒絕他們。

為什麼需要「老師」？因為有人需要我們去教他，帶領他，否則這個世界根本不需要老師，不是嗎？同理，因為有人需要Program the World，所以Program the World才有存在的必要。

聖嚴師父曾經對我們這群徒弟說過：「眾生是菩薩的道場，離開了眾生，就沒有菩薩！」也對我們解說觀世音菩薩普門品中「應以何身得度者，即現何身以度之」的大願，與上面說的道理是相通的。

不能夠與我們要教的對象「亦師亦友亦徒」，是沒辦法真的把人教會的，而與此同時，也沒有把自己教會。因為在教學的過程中，真正受到最大利益的是能夠用上述方式教人的人，而不是被教的人。因著被我們教導或是帶領的人們，我們方才真正成就自己的生命價值。

希望所有在Program the World協會裡，一起在為教育而努力的夥伴們，不管是全職人員，還是志工，讓我們學習耶穌基督——

「蹲下來！」

國家圖書館預行編目資料

做孩子的重要他人／蘇文鈺著；楊語芸撰文. --初版. --臺北市：寶瓶文化, 2016. 12
面； 公分. --（vision；141）
ISBN 978-986-406-073-3（平裝）
1. 教育 2. 文集

520.7 105021706

vision 141

做孩子的重要他人

作者／蘇文鈺
撰文／楊語芸

發行人／張寶琴
社長兼總編輯／朱亞君
副總編輯／張純玲
資深編輯／丁慧瑋　編輯／賴逸娟
美術主編／林慧雯
校對／張純玲・劉素芬・陳佩伶・楊語芸・蘇文鈺
業務經理／李婉婷
企劃專員／林歆婕
財務主任／歐素琪　業務專員／林裕翔
出版者／寶瓶文化事業股份有限公司
地址／台北市110信義區基隆路一段180號8樓
電話／(02)27494988　傳真／(02)27495072
郵政劃撥／19446403　寶瓶文化事業股份有限公司
印刷廠／世和印製企業有限公司
總經銷／大和書報圖書股份有限公司　電話／(02)89902588
地址／新北市五股工業區五工五路2號　傳真／(02)22997900
E-mail／aquarius@udngroup.com

著作完成日期／二〇一六年十月
初版日期／二〇一六年十二月
二版二刷日期／二〇一七年一月六日
ISBN／978-986-406-073-3
定價／二八〇元

愛書人卡

感謝您熱心的為我們填寫，
對您的意見，我們會認真的加以參考，
希望寶瓶文化推出的每一本書，都能得到您的肯定與永遠的支持。

系列：Vision 141　**書名：做孩子的重要他人**

1. 姓名：＿＿＿＿＿＿＿＿　性別：□男　□女
2. 生日：＿＿＿年＿＿＿月＿＿＿日
3. 教育程度：□大學以上　□大學　□專科　□高中、高職　□高中職以下
4. 職業：＿＿＿＿＿＿＿＿
5. 聯絡地址：＿＿＿＿＿＿＿＿＿＿＿＿＿＿＿＿＿＿＿＿

   聯絡電話：＿＿＿＿＿＿＿＿　手機：＿＿＿＿＿＿＿＿
6. E-mail信箱：＿＿＿＿＿＿＿＿＿＿＿＿＿＿

   □同意　□不同意　免費獲得寶瓶文化叢書訊息
7. 購買日期：＿＿＿年＿＿＿月＿＿＿日
8. 您得知本書的管道：□報紙／雜誌　□電視／電台　□親友介紹　□逛書店　□網路　□傳單／海報　□廣告　□其他
9. 您在哪裡買到本書：□書店，店名＿＿＿＿＿＿　□劃撥　□現場活動　□贈書　□網路購書，網站名稱：＿＿＿＿＿＿　□其他＿＿＿＿＿＿
10. 對本書的建議：（請填代號　1.滿意　2.尚可　3.再改進，請提供意見）

    內容：＿＿＿＿＿＿＿＿＿＿＿＿

    封面：＿＿＿＿＿＿＿＿＿＿＿＿

    編排：＿＿＿＿＿＿＿＿＿＿＿＿

    其他：＿＿＿＿＿＿＿＿＿＿＿＿

    綜合意見：＿＿＿＿＿＿＿＿＿＿＿＿＿＿＿＿＿＿＿＿＿＿＿＿
11. 希望我們未來出版哪一類的書籍：＿＿＿＿＿＿＿＿＿＿＿＿＿＿

讓文字與書寫的聲音大鳴大放

寶瓶文化事業股份有限公司

（請沿此虛線剪下）

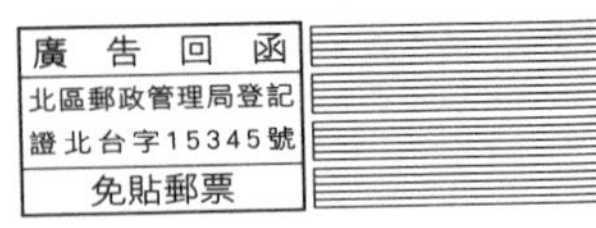

寶瓶文化事業股份有限公司收

110台北市信義區基隆路一段180號8樓
8F,180 KEELUNG RD.,SEC.1,
TAIPEI.(110)TAIWAN R.O.C.

（請沿虛線對折後寄回，或傳真至02-27495072。謝謝）